Das
Wetterleuchten
über
Europa
am Ende des Jahrhunderts
gesehen im Jahr 1788.

(Aus den Papieren eines verstorbenen Geistersehers.)

Mit beyläufigen Anmerkungen und Zusätzen.

Maltha und Cairo 1799.

Diese Schrift athmet Großsinn und Großgefühl. Kein Mann von Herz und Kopf wird sie ohne Nutzen lesen. Es ist ein elektrischer Funke, der außspruͤet, um Licht um sich zu werfen; zu erhellen als Kometschein wo Nacht und eingewurzelte Vorurtheile thronen!

(1788.)

„Es ist fast nicht anders, als ob ein böser Genius über ganz Europa schwebe. Denn Uneinigkeit und Mißvergnügen, Furcht und Widerstreben ist in allen Gemüthern und in allen Ländern! Krieg und Streit, — (damals brach der Türkenkrieg los, und die Holländer und Brabänter empörten sich, so wie man die ersten Zuckungen von Frankreichs Revolution wahrnahm;) — Krieg und Streit, Haß und Mißgunst, Verläumdung und Zwietracht herrscht jetzt mehr als sonst in der politischen, moralischen, religiosen, litterarischen Welt; und es ist kein Wunder, wenn wir Propheten unter uns aufstehen sehen, die da laut predigen, daß der liebe jüngste Tag, und das nahe Weltgericht, — näher sey, als wir glauben. —

Im Sommer des Jahrs 1788 schrieb der Seher: Gute Nacht Göttin des Friedens, der Kriegsgott überbrüllt deinen leisen Ton. Krieg Aller gegen Alle — ist sein Feldgeschrey. — Lege deine Hand aufs Herz — Leser — es klopft Ahndungen grosser Dinge; — riech in die Luft, sie stinkt von Schwefeldampf, — lege dein Ohr auf die Erde, sie bebt vom Toben kommender Rosse, steig um Mitternacht auf einen Zackfelsen, und du wirst hören das Stimmengeflüster von vier Winden: Weh, weh, weh — wir Arme sind dem Tode geweyht. So viele ehmals grosse Nationen, werden immer muthloser. Sie sehen ihre gegenwärtige jammervolle Lage mit Patriotenschmerz. Alle grosse Mächte wetzen ihre Bajonette um die politische Freyheit von Europa noch vollends niederzustossen. Doch Freyheit der Welt, du wirst nicht sinken; in dir liegt Keim und Kraft genug alle eiteln Plane in Staub zu zermalmen. Ich sehe schon wie durch eine verzweifelte Cur, du von deiner tödtlichen Krankheit genesen wirst. In der Hand der Vorsehung glänzt schon der goldne Becher voll Labetranks für dich armes krankes Europa!!

Noch ist das Meiste was wir sehen, gegen das was noch kommen wird, kaum Etwas. — Das grosse aufschliessende Ende der beginnenden Fehde ist in mystisches Dunkel gehüllt. Selbst die kühnsten Politiker behelfen sich blos mit rathen. Die Zeit muß erst vorrücken, ehe wir den wahren Augpunkt zur Betrachtung der Weltgeschichte haben. Hier sind noch Könige, — die alle ihre Unterthanen in Himmel hineinbeten möchten; dort sind andre, die nur nach Eroberung schnauben; hier ist die Volkserziehung begünstiget, dort sammelt man alle abergläubige Märchen um den natürlichen Menschenverstand zu berücken; hier herrscht Wohlstand, dort bittere Armuth; da ein friedliches Staatssystem, dort macht das Kriegswesen die herrschende Parthey; — alles in Europa ist so verstimmt, so widersprechend, so zerrüttet, daß nur eine Haupterschütterung dieses bunte Gemisch in eine grosse übereinstimmende Weltbeglückung umschaffen kann.

Hier schränkt man die Macht des päbstlichen Stuhls ein, dort giebt man ihm neue Vorzüge und grössere Rechte. — Länder, wie die Schweiz und Holland, wo sonst Freyheit und Großsinn war, werden kleinsinig und verlieren ihren Nerf, (Spannkraft). Engelland möchte alles beherrschen und schwankt am Rande des Verderbens; Spanien schaft die Inquisition ab, und setzt sie wieder ein; Italien hält es mit der schlauen Politik der Venetianer-Aristokraten. Hier überall noch herrscht Bigotismus, der die Flamme des Geistes nicht in Himmel schlagen läßt, sondern Erdwärts weht.— Oestreich will mit Rußland die Welt theilen. Es opfert seiner Staaten Ruhe der Kriegssucht auf; überspannt ist der Bund zwischen diesen zwey größten Mächten, und nichts ist unnatürlicher als dieser Bund; — aber was sie wollen, werden sie nicht können. Es fehlt an Gleichstimmung, Nationaleinklang. Ich kann mir nichts widersprechenderes, entgegenwirkenderes denken als deutschen und rußischen Sinn! — Schweden und Dänemark stehen da wie verlassene Länder, und wissen nicht wessen Beute sie werden sollen. Polen keucht an der Auszehrung; man lähmt ihm alle Glieder; Preussen schaut weit herum — und will überall Mittler seyn, siehet aber den Balken in seinem eignen Auge nicht. Die deutschen Reichsstädte sind schon lange Nullen in der Weltgeschichte. Wer kann jetzt sagen, daß die Fugen der europäischen Staatsverfassung noch zusammen passen? Nur bey einer fortdauernden Ruhe, kann bey dieser Schwäche, Europa noch aufrecht stehen bleiben; — ein Krieg aber, — ein Revolutionskrieg, würde alle die innern Gährungen zu einem alles verzehrenden Ausbruch bringen. Aber was noch das Schlimmste ist, man darf diese Uebel nicht einmal anzeigen; denn eine falsche Politik unterdrükt alle Freymüthigkeit. Wie Nichts sind unsre Zeitungsblätter, gegen das was geschiehet; und dies Wenige was wir erfahren, wie ist es so verunstaltet und krüppelhaft durch Zagheit, Menschenfurcht, Unwissenheit, schiefe Darstellung — durch politische Verhältnisse! —

Der grosse Bund zwischen Oestreich, Preussen, Rußland, und dann zwischen diesen Mächten gegen Frankreich, mit Engelland, Spanien, Dänemark, Schweden, — dieser grosse Bund, der ein Aergerniß für den Freund der Freyheit, und eine Thorheit für die Kenner des europäischen Staatssystems ist, zeigt uns die wetterwendische Laune der Kabinette, die in Freunde verwandeln, was kaum noch erst eingefleischte hundertjährige Feinde waren.

Das sonst so feste politische System von Europa scheint seit diesem grossen östreichisch-rußischen Bunde, oder vielmehr nach Friedrichs des Einzigen, (Königs von Preussen) Tode aus seinen Fugen gerissen zu seyn; nie sind die politischen Widersprüche in diesem ganzen Jahrhundert häufiger gewesen als jetzt; dazu kommt **Rußlands Ehrgeitz***), das seine Herrschaft und Uebergewicht auf alle Welt erstrecken möchte. Gott siehet das — und er bewafnet im Stillen eine Macht zur Hülfe der Schwachen! — Und so wie er die Schwachen stützt, geisselt er die Herrschsüchtigen. Würden die gewaltigen nordischen Himmelsstürmer vorschreiten, könnten sie erst den türkischen Mond vom Himmel reissen, — so würden sie sich umkehren — und — dann Genade der Himmel uns! Mit solchen gigantesken Planen scheinen die Weltbezwinger schwanger zu gehen — aber — sie werden die Donnersprache hören: Die Völker erwachen!

*) Sie sagen: Nichts über uns — alles unter uns.

(Damals glaubten sie alle, Frankreich befinde sich nicht im Stande sich diesem ungeheuern Plane zu widersetzen. Als Monarchie würde es nicht möglich gewesen seyn, aber als Republik — als Aufruf zur Freyheit war es allein möglich! Daher sind damals schon im Jahr 1788 der französischen Regierung Denkschriften übergeben worden, sich der Unternehmung dieser grossen Mächte entgegen zu setzen; einer der feurigsten Patrioten nannte schon sogar Egypten — das erobert werden sollte. Er sagte:

„Egypten ist der fruchtbarste Boden in seinem ganzen Umfange, in der Kultur der leichteste, in seinen Erndten der zuverläßigste. Das Klima würde bald durch französischen Kunstfleiß veredelt werden. In seinem Flächeninnhalte kommt Egypten fast zwey Drittheil von Frankreich gleich, und kann vermöge des innern Reichthums die Summe der Einkünfte Frankreichs weit übersteigen. In Egypten vereinigen sich die Produkte von Asien und Europa, so, daß Frankreich bey dem Besitze dieses Landes leicht den Verlust aller seiner Kolonien verschmerzen könnte. Bey gutem Winde können seine Schiffe in Zeit von zehen Tagen von Toulon nach Alexandria gelangen. Egypten ist schlecht vertheidiget, läßt sich leicht erobern und behaupten. Im Besitze dieses Landes würde Frankreich mit seiner Gränze die von Indien berühren, das indianische Kommerz nach dem rothen Meere leiten, den ehmaligen Gang dieses wichtigen Handels über Suez wieder herstellen, und folglich die so weite und gefährliche Fahrt um das Hofnungsvorgebürg entbehren können. Durch die Karavanen aus Abißinien würd' es alsdann die meisten

Reichthümer des innern Afrika, Goldstaub, Elephantenzähne, Gewürz, Rauchwerk, Gummi und Soldaten erhalten. Durch Begünstigung der Pilgerschaft nach Mekka würde Frankreich das Kommerz der Barbarey erlangen, und so die Niederlage der Waaren aller vier Welttheile werden. „)

Rußlands Lage nähert sich jenem grossen furchtbaren Augenblicke wo es Leben oder Tod gilt. Diese Riesenmacht ward durch glükliche Kriege gegen Schweden, Türken, Persern, Preussen, zu dem hohen Tone gestimmt, der es jetzt bey allen europäischen Welthändeln hörbar macht. — Aber eine grosse Masse von Geisteskraft ist auf der Seite seiner Feinde. (Preussen, Frankreich, Schweden.) Und der grosse Er —, der grosse Nationen wie Erbsen und Sandkörner wägt, wird auch Rußlands Schicksal bereits abgewogen haben.

Am 25 November 1789 schrieb der Seher: Als Josephs und Katharinens Heere auszogen gegen die Oßmannen, da glaubte man schon, jetzt fallen Stambuls Thürme — und der Türken Mondleuchte werde verlöschen — aber das geschah nicht! Viele Tausende der deutschen bräfsten Truppen fielen unter dem Schwerdschlag der Türken; und nach dem Feldzug schrieb Kayser Joseph nach Wien: „ es ist nicht so gegangen wie ich vermuthete. Mein Herz ist gewaltig zerrissen." ——

Pohlen fördere dich! Schüttle das Joch fremden Einflusses von dir. — Das gewaltige Rußland und das herrschsüchtige Oestreich —, vermehren durch beständige Kriege ihre Beßtzungen — und nähern sich dadurch einer künftigen Theilung. Rußland ist nicht bevölkert. Ackermann und Handwerker sind da Sklaven; dem Edelmann ist Bauer und Vieh eins. Des Kahserthums Zustand ist willkührlich, folglich grösser Zerrüttung unterworfen; Paß auf Pohlen! — wenn das geschiehet, dann sind die Tage deiner Erlösung nahe! Auch die Schweden, Dänen, Franken, Deutsche sind längst des Hohnsprechens und Trotzens der Moskowiter müde! Der muthigste, kernhafteste Theil von Pohlen reihet sich an den republikanischen Bund. Rußland will darum seinen Plan noch nicht aufgeben, seinen schwarzen Adler zum Wetterhahn für die ganze Welt zu machen! Obwohl die Rußen bisher im Krieg glücklich waren; so sind sie doch noch nicht jene Allverschlinger, die Tausende mit Hunderten schlagen, und vor denen die Nationen alle das Gewehr strecken müssen.

Frankreich — bleibt jetzt beym Türkenkrieg 1788, stille sitzen, und giebt sich blos mit Spekulationen ab. — Aber das ganze politische Weltsystem ist einem Umschwunge nahe, und da ist für Frankreich ein Perspektiv eröffnet, wie es auf einen hohen Gipfel sich setzen kann*), wenn es klug zaudert und in der Stille Kräfte sammelt. — (Wunderbar ist es immer, daß erst die größten Mächte sich gegen einander raufen mußten, und dann mit Jugendkraft, mit republikanischem Feuer — Frankreich erwachte, und seine Donner den Erdkreis beben machten, eben da, als man das Reich für eine politische Nulle, oder am Schwächsten hielt! — Aber warlich es ist schon lange erprobt, daß der nicht immer der Schwächste ist, den andre dafür halten, so wie der nicht der Stärkste, der es im gemeinen Ruf scheint zu seyn.)

Das militärische System gewann durch Friedrich den Großen in Europa die Oberhand. Er stellte furchtbare Heere im vollen Frieden auf die Beine; Oestreich wollte Preussen noch übertreffen; Rußland ahmte alles was preußisch ist, nach; und es war unter den kleinen und grosen Herrn eine Art von Emulation eine Armee zu haben. Daher die höchst drückende Militär-Macht von Europa von beynahe 2 Millionen Menschen, die auf Kosten des Gewerb- und Nahrungsstandes genährt, erhalten, und zum Theil gegen die Freyheit der Völker aufgestellt wurden! Länder, die kaum des Be-

---

*) Die Zeit hat bewiesen — daß Frankreich wie ein strahlender Stern mit kleinern Sternen umgeben, — aus den Wolken hervortrat.

wachens werth waren, mußten von ihrer Armuth noch den letzten Blutschweiß zollen! Daher kam die Vaterlandsliebe überall so schrecklich in Verfall!

Lange Jahre her gehet die Hauptsorge unsrer Fürsten dahin, ihre Gewalt und Macht zu verstärken; ihre Heere zu vermehren; militärische Staatseinrichtungen zu machen; oft schon hat dies die Völker zur Rebellion gebracht. Alle Fürsten-Sorgen giengen auf Soldatenwerbung. — Die Staats-Einnahmen flossen überall nur in die Kriegskassen; und so hatten wir endlich so viel gewonnen, daß es am Ende des 18ten Jahrhunderts bald keinen wohlhabenden Bürgerstand mehr gab, und die ganze europäische Staatskunst und Anstrengung darauf losgieng, einander militärisch die Hälse zu brechen.

Konnte Europa eine so gräuliche Krafterschöpfung lange ertragen? — daß es seine kraftvollsten Söhne dem Kriegsstand wiedmen mußte und noch dazu im Handel und Wandel durch Kontributionen, Kriegssteuern und Theurung zu Boden geritten wurde? Nein! Kein guter Fürst kann an neue drückende Auflagen denken! — Die Ueberspannung war zu groß. Wenn die Kayser und Könige die vielen Millionen Gold — die sie für ihre Kriegsheere vergeudeten, als Lebenssaft in so viele ausgetrocknete Adern des Staatskörpers gespritzt hätten — o, wie heilsam wäre das für den ganzen Körper gewesen. Wie aber kein Uebel ist, das nicht ein anders vertreibt und bezwingt, so trug diese militärische Gewalthaberey dazu das Meiste bey, daß die kirchliche und prinzliche Gewalt herabkam; daß der Soldat Gesetze machte, und der hierarchische Dämon folgen lernte. Daher stieg eine kleine Weile die Fürstenmacht, um eine noch fürchterlichere Feindinn des Menschengeschlechts, die Unwissenheit, zu bezwingen, und Friedrichs Thaten haben den Erfolg gehabt, daß so wie sein Beyspiel auf der einen Seite schädlich gewesen, auf der andern aber der allgemeinen Freyheit Thür und Thor öffnete! Darum nannte man auch Friedrich, den Wetterstrahl Gottes — denn nur Er, nicht seine schwachen Nachahmer, wußten eine Armee zu unsterblichen Siegen zu führen; und zu grossen Zwecken zu beleben und anzufeuern. Er ist ein Instrument der Providenz geworden, denn in ihm lag eine Welt von Kräften und grossen Planen! Alle einsichtsvollen Menschen, die entferntesten Völker bewunderten ihn, und noch mehr wird es die Nachwelt thun. Die Menschengattung gewann durch ihn neue Spannkraft, — der Namen Preußisch wurde mit Ehrfurcht genannt von Japan bis in China!

Diese militärische Staatsverwaltung in Europa erweckte aber nichts als Eifersucht unter diesen Mächten, selbst; eine Nation gegen die andre lernte sich hassen; und nur der schauervolle Krieg, der die halbe Welt zu durchrütteln scheint — hemmt oder endigt so Gott will diese Volks-Eifersucht, dieses menschenfeindliche System! denn der hohe Ton mit dem die Grossen seit einem halben Jahrhundert mit den Völkern sprachen, erweckte wie billig, gegen sie noch mehr Haß und Mißtrauen! Mit welcher Strenge und Gewaltthätigkeit wurden im Oestreichischen seit 18 Jahren die Kriegssteuern eingetrieben. In Brüssel hat es die Revolution gemacht. Ungarn hat gleiche Konvulsionen gezeigt. Die Kriegsanleihen, die keine Zinse tragen, und die Fränkreichs Fall herbeygezogen haben, werden hier auch die gleichen Wirkungen in andern Staaten haben. Wer darf zu den Fürsten sagen: warum thut ihr dies?

Schon lange machten die grossen Mächte Friedensplane und Entwürfe, — aber so in Nacht verschleyert, daß man nichts davon erfahren konnte. Neid und Lüge haben aber allemal die grossen Projekte über den Haufen geworfen; nun aber baut die Republik Frankreich eine Mauer — künstlicher und dauerhafter, als die tartarische um China her; viele eng-verbundene Republiken sollen diese Mauer um den südlichen Theil von Europa

Bio-bibliographische Notiz

Christian Friedrich Daniel Schubart, der sich nach abenteuerlichen Wanderjahren zu Beginn des Jahres 1775 in Ulm niedergelassen hatte und dort mit wachsendem Erfolg seine „Deutsche Chronik" herausgab, war am 23. Januar 1777 nach Blaubeuren auf Württembergisches Gebiet gelockt und dort auf Befehl des Herzogs Karl Eugen gefangen genommen worden. Dieser Vorfall und die sich anschließende zehnjährige Haft auf dem Hohenasperg lösten ein lebhaftes publizistisches Echo aus. Für die Zeitgenossen waren die Motive, die den Herzog zu diesem Schritt veranlaßt hatten, rätselhaft, und sie sind es trotz vieler Erklärungsversuche bis heute weitgehend geblieben. Auch der anonyme Autor einer im Jahre 1778 erschienenen Schrift mit dem Titel *Chr. Fr. D. Schubarts Leben und Karakter,* die in diesen Zusammenhang gehört, kann dazu nichts sagen. „Die eigentliche Ursache seiner Gefangennehmung ist unbekannt, und wird es bleiben." (S. 18). Er hütet sich davor, Karl Eugen allzu sehr anzuklagen, bestimmt nicht deswegen, weil er dessen Tun in Ordnung fand, sondern weil er hoffte, mit seiner Schrift etwas zur Freilassung Schubarts beitragen zu können. Dabei scheute er sich auch nicht vor Schmeicheleien. „Die Quelle dieser Hofnung liegt in der wirklichen Größe des Herzogs, die er auch schon an Schubarts Familie bewiesen hat. Er wird selbst die Wonne fühlen wollen, ein Geschöpf glücklich zu machen, und es wieder zum Leben herfür zu rufen, da es sich, eingesperrt, in dem unthätigem Gefühl seiner Kräfte verzehren würde." (S. 19). In der übrigens sehr treffenden Schilderung von Schubarts Charakter, dessen Schattenseiten er keineswegs unterschlägt, ist er bemüht, den oft erhobenen Vorwurf der Religionslosigkeit zu entkräften. „So ein Mann, wie Schubart, der so all, die Seeligkeiten der Schöpfung fühlen konnte, den ein schöner Frühlingstag, eine schöne Aussicht, vielleicht ein sproßendes Veilchen in Entzückung bringen konnte; Ein Mann, der das Glück der Freundschaft so ganz fühlte, und der oft an seinem Klavier süße Thränen vergoß, der mußte auch öfters seines Gottes voll seyn; oder nichts von all dem fühlen. Er fühlte nun aber doch. Im Modekleid der Religion lag vielleicht die Ursache, warum Schubart weniger der äußere Christ war, der er nach der Forderung der Geistlichen hätte seyn sollen." (S. 40f.). Auch das ist an die Adresse Karl Eugens gerichtet, der seit seiner Verbindung mit der frommen Franziska von Leutrum besonders an Schubarts Lebensführung Anstoß genommen und dessen Gefangensetzung unter anderem damit begründet hatte, daß er ihn bessern wolle.

Der Verfasser dieser kleinen Schrift über Schubart bezeichnet sich auf dem Titelblatt als „Freund" desselben. Es ist bis heute nicht gelungen, seine Anonymität zu lüften, doch gibt es einige Anzeichen

dafür, daß er enge Beziehungen zu den Wittelsbacher Höfen in Mannheim, wo sich Schubart im Sommer 1773, und München, wo er sich im Winter 1773/74 aufhielt, gehabt hat. Schon der Druckort Mannheim deutet darauf hin. Vor allem aber ist er über Einzelheiten von Schubarts Aufenthalt in diesen beiden Residenzen sehr gut unterrichtet. Er weiß, daß die für diesen vorgesehene Stellung in Mannheim die eines Vorlesers des Kurfürsten Karl Theodor war. Das war vielleicht nicht einmal Schubart selbst bekannt, da er sich in seiner Autobiographie nur sehr allgemein über seine dortigen Aussichten, aus denen dann nichts geworden ist, äußert. Bei der Besprechung von Schubarts Schriften hebt er ganz besonders eine wenig bekannte Arbeit hervor, die er auf Bitten von Münchener Freunden später in Ulm übernommen hat, die Biographie des Staatsrechtlers Johann Adam von Ickstatt, der Erzieher des Kurfürsten Max. III. Joseph gewesen war. Auch diese Akzentsetzung ist kaum anders als durch die Verbindung des Autors mit dem Hause Wittelsbach zu erklären. Es gab, wie Schubarts Autobiographie zu entnehmen ist, sowohl in Mannheim als auch in München mehrere Personen, mit denen er sehr gut bekannt war und die als Verfasser in Frage kämen. Leider gibt es keine Kriterien, die es erlauben würden, sich für einen von diesen zu entscheiden.
Eine im Jahre 1799 anonym erschienene Schrift mit dem Titel *Das Wetterleuchten über Europa am Ende des Jahrhunderts gesehen im Jahre 1788* wird von den Bibliographen Schubart zugeschrieben, nicht ganz zu Recht, wie zu zeigen sein wird. Nach ihrem Untertitel ist sie herausgegeben „Aus den Papieren eines verstorbenen Geistersehers. Mit beyläufigen Anmerkungen und Zusätzen." Sie enthält Auszüge aus Schubarts „Vaterlandschronik", die er nach seiner Haftentlassung vom Juli 1787 bis zu seinem Tode im Oktober 1791 in Stuttgart herausgab. Wie in seiner „Deutschen Chronik", als deren Wiederaufnahme sie zu verstehen ist, nehmen darin die politischen Nachrichten den größten Raum ein. Das „Wetterleuchten", von dem er berichtet, sind die kriegerischen Wirren in Osteuropa, d.h. der Krieg, den Österreich und Rußland gegen die Türkei führten, dann aber zunehmend die Ereignisse in Frankreich, die der Revolution vorausgingen, und deren Ausbruch. Schubart hatte von Anfang an große Sympathien für die freiheitlichen Regungen im Nachbarland. Ganz besonders begrüßte er die Beschneidung der Macht des Adels, und der Herausgeber des „Wetterleuchtens", der der gleichen Meinung ist, zitiert zustimmend, wenn auch sehr frei, die „Vaterlandschronik" vom 27. Februar 1789. „... noch nie sind die Rechte des Bürgers und des Adels, schärfer abgewogen worden wie jetzt, und in Frankreich! – Wenn ich schon den Adel nicht hasse, so habe ich doch so oft sehen

müssen, wie er den Bürger- und Bauernstand höchst verächtlich behandelt, und sich dadurch seinen Untergang bereitet. Denn es ist in den meisten europäischen Landen überall bekannt, daß an Geistesbildung, an Talenten, an wirklichem Menschenwerth, an Heroismus, an Großthaten und Seelenadel, an Geistes- und Herzens-Vorzügen – die andern Stände den Adel noch weit übertreffen." (S. 32). Da die Zitate, wie übrigens auch hier, meistens nicht als solche gekennzeichnet sind und oft den Charakter einer Paraphrase annehmen, ist es nicht ganz einfach, Schubarts Anteil von dem des Herausgebers zu sondern, doch scheint der des letzteren zu überwiegen, besonders gegen Schluß der Schrift. Er erweist sich dort als sehr dezidierter Parteigänger der Französischen Revolution, von der er wünscht, daß sie sich über ganz Europa ausbreitet. Für ihn gibt es nur die Alternative, „daß die Staaten entweder durch gewaltsame Revolutionen sich heben, oder in Schutt fallen!" (S. 82). Für das Heer des revolutionären Frankreich ist er voll uneingeschränkter Bewunderung. „Nun acht Jahre schon dauert der Kampf! (1798). So etwas sah kein Jahrhundert; und wir sind auf einmal um tausend Jahre an Erfahrung reicher geworden! Das Ende sieht zwar niemand ab; aber Schmach dem Kleinsinnigen, der hier nichts siehet, als Trümmer und Ruinen; der nur Wehe, Wehe ruft, und kein geistiges Auge für die innere Größe hat!" (S. 86). Schubart hat die radikale und expansive Phase der Revolution, von der der Herausgeber hier spricht, nicht mehr erlebt. Es gibt aber Gründe für die Vermutung, daß er sich bei der bald eingetretenen Polarisierung der öffentlichen Meinung über die Französische Revolution im Gegensatz zum Herausgeber des „Wetterleuchtens", der im andern Lager stand, zu der Schar derer gesellt hätte, die sie mit wachsender Skepsis betrachtet haben. Seine Hoffnungen für die Freiheit des französischen Volkes setzte er seltsamerweise hauptsächlich auf Ludwig XVI., für den er von seinem Regierungsantritt an große Sympathien gezeigt hatte. Überhaupt war für ihn die aufgeklärte Monarchie eine durchaus akzeptable Staatsform, während er die ersten Anzeichen einer Radikalisierung der Revolution im Sommer 1789 mit großer Sorge betrachtet hatte. „Den Bürgern von Paris wird wohl ihre noch junge, nakte Freiheit entschlüpfen, wenn sie derselbigen solche greuliche Opfer bringen. Die Freiheit ist himmlischer Natur, und nährt sich nicht, wie der Höllengeist Moloch, mit Blutdämpfen." So steht es in der Vaterlandschronik vom 4. August 1789. Diese Äußerung zitiert der Herausgeber des „Wetterleuchtens" nicht, sie paßte nicht in sein Konzept.
Noch eine Bemerkung zu den Druckorten „Maltha und Cairo". Sie sind natürlich fingiert, der zweite erfreute sich um die Wende vom

18. und 19.Jahrhundert einer gewissen Beliebtheit für Veröffentlichungen zur Französischen Revolution. Der wirkliche Drucker ist Schreiner in Düsseldorf. Über die Person des Herausgebers ist nichts bekannt. Er ist mit Schubarts Biographie so wenig vertraut, daß er mit 1789 ein falsches Todesjahr angibt. (S. 74). Er dürfte somit kaum in Württemberg zu suchen sein.

Bernd Breitenbruch, Ulm

seyn! sie soll fester halten als der Fürstenbund! Möchte diese Mauer bald so da stehn, wie sie im Herzen aller wahren Freunde der Freyheit errichtet ist; und möge dann der Schutzengel der Freyen auf die oberste Spitze der Alpengebürge treten und aller Welt zurufen: — „Der freye Mann ist ein edler Mann! Gott schmükt ihn mit Ehre und Macht, und der Glanz dieses Landes wird erst mit der letzten Sonne verlöschen!„

Im Jahr 1789, bey anscheinender Ermattung von Frankreich, schrieb der politische Beobachter: Obgleich unsre grosse Höfe jetzt die wundervollsten Plane aushecken; so stehet ihnen doch unsichtbar ein grosser Rival auf der Seite, der alle ihre noch so künstlich gedrechselten Luftgebäude zu Schanden machen wird *). Es ist diese unsichtbare Macht — Frankreich! Es fängt schon an sich von seiner Kraftlosigkeit zu erholen; und zeigt seine furchtbare Kraft von Innen und Aussen. Seine Wirkungskraft, sein Genius ist so äusserst gelenker Natur, seine Politik ist so fein, daß sie wie Duft überall eindringt, und ihr thätiges, geistiges Wesen äussert. Sie würkt in Konstantinopel, dem grossen Ansehen zum Trotze, das selbst der preussische, englische und schwedische Minister haben;

---

*) Gott hat — was das Schicksal ganzer Völker betrift, sich immer noch eine gewaltige Stimme vorbehalten.

sie hat ihr Wesen in Petersburg, in London, in Madrid, im Haag, in der Schweiz, in Amerika; schwärmt an der afrikanischen Küste, würkt oft unter den aufrührischen Bassen in Egypten, ist da und dort und überall. — Unbeschreiblich werden die Wirkungen seyn, wenn dieses Reichs feuriger Patriotißmus zu wirken anfangen wird. Denn kein Volk in der neuen Weltgeschichte hat sich so sehr ausgezeichnet in all seinem Wesen und Thun, — wie das französische. Eine kleine Aufmunterung von seinen freyen Nachbarn (wie es jetzt von den Holländischen = Genfer = Brabanter = Patrioten erhält;) wird erstaunende Progressen machen; der lang gefesselte französische Nationalgeist wird für alle Völker der Erde das Signal der Umwandlung seyn!

Den Anfang der Unruhen in Frankreich schilderte der Seher so:

Schon sieht man die Fackel des Aufruhrs in Frankreich angezündet. Man will Bürgerblut! Man schreibt uns es seyen Anstalten getroffen, überall mit militärischer Gewalt den Ausbruch einer Revolution zu hemmen. Man soll überall Galgen aufrichten, geladene Kanonen aufpflanzen, Scharfrichter und Schindersknechte sollen Patrouillen machen — um — das Land zu besänftigen. — Franzosen weigerten sich den Kampf des
Bürgers

Bürgers gegen Bürger zu unterstützen; — daher stellte man Ausländer (geworbene Soldaten) an.

Man zählt 29 Oberämter die unter solchen Anstalten schon zu Stande gekommen, und die schon wie Pagoden dem Winke des Königs gemäs wakeln. — Aber die schrökliche Zeit ist ganz nahe, daß die Flamme der Empörung zu allen Dächern herausschlägt. (Geschrieben den 4 Julii 1788.)

Hätte Richelieu, der Schöpfer der französischen Politik jetzt gelebt, der sich rühmte, ein Augenglas zu besitzen, womit er alle Weltreiche in einem Augenblicke übersehen, und durch die verschlossenen Thüren aller Hofkabinette blicken könne, (denn dies Augenglas war sein schlauer Geist —) so würde er hier auch manches schief gesehen, und vieles gar nicht geglaubt haben, was jetzt erfolgt ist. Er würde auch gezweifelt haben, daß ein Bürgerkrieg, den die Gewalt unterdrücken wollte, zu einem der größten Revolutionskriege ausbrechen könnte, den je die Welt gesehen hat; und den auch alle scharfgeschliffenen Sehrohre der grossen Weltbeschauer weder vorher erkennen, noch aus den kleinen Anfängen hätten vermuthen sollen.—

Nicht der Theil, der zuerst ausschlägt, sondern derjenige, der seinen Nachbar zum Ausschlagen zwingt, — ist der angreifende Theil. — Dies ist in Kurzem die Rechtfertigung der Revolutionen—

Würden die Fürsten die ungeheuchelte Liebe für das Vaterland zum Band zwischen sich und dem Volke machen; dann würde sich das Band immer enger und fester binden. Möchten sie die Worte beherziget haben, die einst ein gekrönter König zu seinen Unterthanen sprach: „Bald verschwindet diese kurze und mühselige Zeit, wo alsdann auch zugleich der Unterschied aufhört, welchen die Vorsehung zwischen uns und euch hat setzen wollen. Möchten wir da vor dem gemeinschaftlichen Richter, ohne eigene Vorwürfe, Rechnung ablegen können: Wir, über die euch gegebenen Befehle und Gesetze; und ihr über die gehorsame Befolgung derselben." —

Mit der Menschen Leben spielen — welch ein Spiel! Und doch war es das Spiel der Grossen. — Die neue europäische Staatsverfassung war einem Mühlstein gleich, wenn er nichts zu zerreiben hat, zerreibt er sich selber. — Friede und Krieg stunden daher in diesem ganzen Jahrhundert an unserm Himmel wie zwey Gestirne. Bald schimmerte der Stern des Friedens lieblich hervor; bald aber verschlang ihn wieder die Nachtwolke, und der Stern des Kriegs gieng blutig auf. — Die Politik wollte, daß man keinem Kabinet mehr traute! Dieser Hartsinn der Grossen mußte endlich die Menschheit auf das äusserste bringen, auch die

Die Mächte von Europa.

Bundsgenossen hielt man mißtrauisch im Auge. Daher ist der Signalschuß schon lange gegeben: Ein Krieg Aller gegen Alle! — Wenn aber das Wetter losbricht, und die Nationen des ewigen Neckens und Reizens zum Streit müde seyn werden, dann wird ein grosser Festtag blutig aufgehen; — es werden sich thürmen in Osten, in Norden furchtbare Wolken, und am westlichen Himmel werden sich Dünste zu Gewittern zusammen wälzen, dann werden sie bersten die Wetterträchtigen Wolken, und der Keil des Todes wird niederfahren und tödten; — kein Fürst wird mehr auf seinem Throne sicher sitzen; — die Despoten werden wie eiserne Widder an einander die Köpfe stossen, und die Nationen werden — so Gott will — zuletzt darüber triumphiren! — — Beynahe alle Nationen werden durch diese Sturmglocke, die der halben Welt zusammen läutet, aufgeschrekt werden; denn sie alle haben für Heldengrösse, für Stärke, für Kraft eine Seele! Wie wird der Geist dieser so lange schmählich unter dem Druck gehaltenen Völker, Feuer fangen, wenn dies grosse Schauspiel der Welt einmal aufgeführt werden wird! Wie wird sich auch Deutschlands Genius aufmachen, den rettenden Koloß umfangen, und mit Jubelgeschrey rufen: Auch wir sind frey. — Dank dir fremder Genius, Dank dir — — du hast uns gedolmetſcht! Du haſt unſre Herzen durch die lauten Donner deiner Rache allgewaltig erſchüttert, du haſt das Vaterland aus dem Schlummer gerüttelt und es ſeine Kraft fühlen gelernt! — Uns Deutſche, die vor dem Räuſpern eines Hochgebohrnen ſo furchtſam zuſammenfahren, haſt du durch dein Beyſpiel Franke *), neu beſeelt! So Gott will — wird ein groſſer Theil der deutſchen Nation ietzt einmal aufhören ſich durch Weichlichkeit und niedrige Furcht vor andern Nationen verächtlich zu machen! — Und ſo wird noch manches bisher wenig geachtete Volk wieder hervortreten wie die Sonne, nach langen trüben Tagen. — Hingegen dürfte ſie für andre, die ihr goldnes Zeitalter gehabt haben, für etwas Zeit untergehen, oder weniger helle glänzend ſcheinen!

In Paris — wo man über Staatsſachen im-

---

*) Note vom Jahr 1798. Nicht allein das Glück begünſtiget dieſes Volk, ſondern auch ihr eigener unbeſchreiblicher Muth! Wenn ſich andre Krieger im Sopha der Ruhe blähen, ſo ſtehen dieſe noch im Felde und trotzen allen Launen der Witterung. Wer kann einem ſolchen Volke widerſtehen? Aber der Franken Kriegsglück wird, weil keine Warnung bey den Groſſen hilft; die Flamme des Kriegs noch heftiger anzünden, und dem politiſchen Syſtem von Europa eine ganz andere Richtung geben; und traun! es werden daraus, wie durch den Zauberſchlag eines Talismanns Dinge hervorſpringen, die ſich der kühnſte politiſche Grübler vor 10 Jahren nicht hätte träumen laſſen!

mer sehr gesund urtheilt, — sprach man im Jahr 1788 davon, daß Engelland gesucht habe, sich mit Frankreich zu verbinden, um die ganze Welt zu meistern. Aber dieser kühne Gedanke eines Pitt, war eine Falle — in die kein schlauer Franke hineingeht. Der Vortheil wäre für Engelland, nicht für Frankreich gewesen. Man siehet jedoch hieraus, daß Pitt die Wichtigkeit einer Allianz mit Frankreich einsah, und wie sehr hat er es seither erfahren, welch ein kühner Genius in diesem raschen Volke ruhet!

Die Engelländer, deren Gott Plutus ist, wollen sich schon lange allein alle Handlungsvortheile zueignen; alle ihre Kriege zielen auf Unterdrückung andrer Nationen; alle ihre Allianzen auf Aufreibung benachbarter oder mit ihnen wetteifernder Mächte; so halten sie Franzosen, Holländer, Dänen, Schweden, sogar Rußland, Preussen und Oestreich im Zwange. — England lebt blos für seine Vortheile. Das erste Naturgesetz; fac ut tu sis felix, stehet an allen ihren Versammlungshäusern, und ist das Urim und Thummim ihrer Hohenpriester, Pitts und Compagnie. Ein Bund mit Engelland ist ein Bund gegen die Freyheit — ist selbst für jede Macht äusserst bedenklich, wie auch der König von Preussen, Friedrich der

Grosse, es in seinen Schriften bewiesen hat und selbst im 7jährigen Krieg erfuhr. *)

London — das neue Carthago, ragt hoch über alle Königsstädte. — Jedes Volk, das bey dem Zenith seiner Grösse stehet, — fängt an herabzusteigen; — so wird auch Engellands Macht, die ihre Höhe seit beynahe einem ganzen Jahrhundert erreicht hat, das sich aber damit nicht begnügt, sondern nach Pitts Vater und Sohne, kühnen Planen in allen Welttheilen herrschen will; seine baldige Epoche des Falls haben! — Sein grosser Stolz, seine Verachtung andrer Völker, zeigt uns schon, daß es dazu reif ist! Alle politische Umschwünge hat es geleitet; all das Donnergetöse zu Land und zu Meer; — all dies Harren und Leiden der Völker — ist die Folge des brittischen Ehrgeizes, der von ihm bezahlten Mitwerber und Söldner in Europa! Engelland will die ganze Welt demüthigen — damit es allein groß sey. Kann dies im Plan eines gerechten Weltrichters liegen? **)

*) Noch siedet mein Blut, wenn ich denke, wie Bund-und Eidbrüchig die Britten, (Engelländer) im siebenjährigen Krieg (vom Jahr 1757=63,) gegen den grossen König von Preussen handelten. In welch häßlicher Gestalt (jeder Brafe und Gute schauert vor ihr zurück!) tritt Lord Büte auf! Friedrich hat dem englischen Ministerium das verdiente Denkmal in seinen Werken gesetzt!

**) Verachtung erträgt kein Volk! Und England siehet auf andre Staaten, wie auf seine Vasallen.

Die Mächte von Europa.

Am Neujahrstag 1789 schrieb der Seher: Wenn Frankreich einmal den Kampf mit den Engelländern bestehet; und mit gereiztem Blut den Freyheitskrieg auch über das Meer trägt — dann kann sein Genius nicht nur vom Kapitol, (in Rom) und von den Siebenthürmen (in Konstantinopel) die Donnersprache reden: — Seyd still vor mir ihr Völker! Auch Engelland, das stolze Engelland wird gehorchen!

Italien, dir zuerst muß der Weltrichter seine Strenge zeigen. Rom und Neapel haben Sünden wie Berge gehäuft. — Nichts ist unsicherer als sich einem Italiäner anzuvertrauen, der den Despoten und den Pfaffen anhängt. In Rom zählte man vor wenig Jahren in Zeit 8 Monaten 420 Mordthaten! Neapel hat mehr Pfaffen und Bettler, als Bürger und Bauern. In der Stadt Palermo wohnten 40tausend Pfaffen, die wie Schmeisfliegen das Blut des Volks aussaugten. Der Müßiggang ist unbeschreiblich groß. — Daher keine Fabriken in Italien aufkommen konnten. — Auch das stolze Venedig — sonst die reichste Republik der Welt, hat Nerv und Geist verlohren; ist ganz ein der Wollust geweihtes Serrail. — Domino und Nasenmaske wird es auch bald ablegen müssen; man wird ihnen mit Feuerbränden einheizen, —

Vom Pabst sagt der Seher:

Pius VI. schmiegt sich mit vieler Weisheit unter den Geist der Zeit, der aller Hierarchie ein Ende zu machen drohet. Seit Kayser Joseph — fieng man an, die Rechte des Pabsts und seiner Abgesandten schärfer zu untersuchen, und die Fesseln der römischen Hierarchie auf ewig von sich zu schleudern! Das erste was dazu half; — war die Aufhebung des Jesuiterordens!! Rom schikte uns über tausend Jahre lang, seine Ablaßzettel, seine Nunzien, — seine Kastraten, seine Reliquien; — diese brachten Europa ums Geld, um seinen Verstand, und um seine Freyheit. Denn kein Volk ist frey, das den Pfaffen huldigt. Sie suchten den Geist der Nationen zu verdummen, und zu ersticken, und den Nacken der Völker unter das schreckliche Joch der Unwissenheit und des Aberglaubens, der zwo Stützen der römischen Monarchie, zu beugen! O wie schön und herrlich ist es, wenn gegen den Drachen Hierarchie, und gegen das Ungeheuer Aberglauben das Schwerd gezuckt wird! Aber merket ihr Völker! Es lauert noch ein anderes gräßliches Thier im Hinterhalt; es heißt: Abfall und Irrreligion!

(Geschrieben 1788.) Auch in Pallästina und Egypten gehen grosse Veränderungen vor.— Selbst die Muhametaner erwarten eine zweyte Erscheinung Muhameds: In gedrängten Schaaren langen zu Alexandrien die Juden an; (geschrieben 12 Herbstmonat 1788, also gerade jetzt 10 Jahre.) Nach den Zeichen der Zeit stehet auch diesem Volk eine grosse Veränderung bevor; — grosse — in der Schrift längst geweissagte Veränderungen.

Als eine Ahndung über Egypten — sagt er: „Gottes Herrlichkeit, die weiland aufgieng in Asien, und von hier aus über die Welt strahlte, wird sich auch da wieder in Morgenröthen zeigen." —

Der Türke hat sehr unruhige Träume auf seinem persischen Sopha; denn das Schicksal scheint sehr klar auf die Stunde zu deuten, wo ein Todesengel das Mene, Mene, Teckel *)! über sein Reich ausspricht; doch wehrt sich noch der Geist dieses Reichs, wie die Leuchte, die prasselnd verlöscht. —

Wenn der Gerichtstag, der spät oder früh allen Völkern aufgeht, jetzt anbrechen sollte, so werden sie noch eine schreckliche Gegenwehr leisten wollen, und im Niederstürzen des europäischen Kolosses, wird die sterbende Macht in ihren letzten Zuckungen noch Menschenschädel zu tausenden zermalmen!

*) Man hat dich gewogen und du bist zu leicht erfunden. Diese Waage ist jetzt für alle Staaten aufgestellt!

Aber Gott wird das Uebel durch weise Vorbereitungen mildern — das kann geschehen durch innere Spaltungen, durch Trennungen der Kräfte! Wie durch ein Wunder werden wir in einen andern Zustand versetzt seyn! So sahen wir schon die römische, päbstliche Hierarchie fallen; so zertrümmerte alt = Griechenland, Carthago und Rom, und so viele neben uns und vor uns tief eingewurzelt gestandene Staaten; — die nur wie von einem Finger berührt, zusammenscheiterten! —

In all das Räderwerk des politischen Systems von Europa bläst also ein Sturmwind — und niemand kann sagen, wo es stille stehen werde. — O, ihr von Menschen ausgesponnene politische Gewebe, wären auch Richelieu's, Pitts, Kaunize, Herzberge *) — die Spinner; wie dünn seyd ihr! wie schwankend im Hauche des Lüftchens! Wie leicht zerrissen! Hoch hebt sich da mein Herz und die Wahrheit durchblitzt mich aufs neue:

> Ein Gott ist der die Welt regiert;
> Oft denkt der Mensch im Wahn,
> Er hab das Werk zum Ziel geführt,
> Und Gott hat es gethan.

Man glaubt oft was Wunder für eine Politik, Weisheit, Scharfblick in den Unterhand-

---

*) Bekanntlich als die größten Wind = und Wettermacher in der politischen Welt angesehen.

lungen der Herrscher läge, und warlich, — sie wissen oft kaum selbst was sie wollen; und doch möchten sie gerne, daß die ganze übrige Welt sie gleichsam immer als Orakel-Menschen, als Götter ansehe; als wenn wir alle Dümmlinge wären, die nicht gar leicht errathen könnten was ein getrönter Mensch, so wurmartig wie wir, in gewissen bestimmten Lagen, für Absichten und Plane haben könnte. Ihre Plane gleichen oft theatralischen Papendeckel-Felsen, man glaubt Himmelstürmer könnten sie kaum lüpfen — und Knaben vermögens!

Die Politiker blicken in alle Welt hinaus, beaugen von aussen und innen, gleich einem der vier Thiere in der Offenbahrung — was da vorgehet, und sie wissen doch nichts! Denn keiner von ihnen, auch keiner der geschiktesten politischen Baumeister — kann in das Chaos der Welt Licht schaffen; und aus den Duft-und Kalksteinen die er am Wege findet, ein regelmäßiges Gebäude ordnen; nur der grosse Baumeister im Himmel wird alle die Bruchstücke sammeln, und aus ihnen einen Tempel errichten, auf dessen Zinne Er stehet, und der staunenden Welt zuruft: Da ist er nun der Tempel der Menschengeschichte! Sein Grund ist in den Tiefen der Erde! Seine Kuppel besonnt der Himmel!

Und der launische Luther thät seinen Mund auf und sprach: Gott hat ein schön, herrlich und sehr stark Kartenspiel, von eitel mächtigen grossen Herrn, als Kayser, Königen, Fürsten, zusammengelesen, schlägt einen mit dem andern. —

Wie viele grosse Projekte der Grossen sind schon in der Welt gescheitert — blos weil sie nicht im Plane Gottes lagen. Die Geschichte dieser mißlungenen Projekte ist das Schönste was wir in der Welthistorie antreffen, es beschämt den Stolz der so hoch geachteten politischen Weisheit; und der gespannteste Scharfsinn findet da seine Leichenrede; hingegen wächst dabey das Zutrauen zu einem grossen unsichtbaren Führer, zu einem Allvater, der über das Ganze wacht. —

Deutschland und die Republiken.

Den 20 Hornung 1789 schrieb der Verstorbene: Deutschland — unser Vaterland — genießt jetzt einer so seligen Ruhe, daß der Menschenfreund darüber vor Freuden weinen möchte. Wenn Frankreich an seinen Eingeweiden, und Engelland am Haupte leidet *); wenn noch Patriotengift in Holland gährt; wenn Schweden einem Körper gleicht, den das Schwerd der Zwietracht spaltet; wenn Rußland und Oestreich unter Siegen und neuen Kriegsrüstungen ermatten; wenn die rothen und grünen Mützen in Pohlen einen Bürgerkrieg weissagen; wenn Genf mit dem vielköpfigen Ungeheuer Aristokratie ringt, ja wenn in allen europäischen Provinzen mehr oder weniger Funken von Zwist, Unruh, National-Mißvergnügen, Empörungsgeist sträuben; so herrscht durch Deutschland gerade jetzt eine Stille, — heilig und süß, wie der Vorabend eines grossen Festtages. — O Vaterland sey mir in deiner Stille gesegnet! — Aber

---
*) Der König von Engelland war damals am Geiste gefährlich krank.

wird es lange so bleiben? Könnte diese plötzliche Stille nicht ein Vorbote eines nahen Orkans seyn? O gewiß — sichere Anzeigen sind da, daß die gegenwärtige anscheinende Ruhe keine lange Dauer verspricht!

Denn ach, der Wurm sitzt im Stamm der Nation! — Ließ Leser — was der Beobachter schon lange mit Patriotenschmerz sah. Der Staatskörper kränkelt: Eine Hauptkur ist ihm nothwendig. Urtheile selbst.

Die alte Liebe zum Vaterlande ist von keiner Nation so stark gewichen wie von der Deutschen*). Warum? Sie haben ihre patriotischen freymüthigen Regenten verlohren; sie sind umgeben mit üppigen verstellten Mode-Ministern, vertraut mit fremden Weibern. Sie sind Undeutsche geworden. Die edlen Fürsten der Vorzeit trachteten mehr dahin, ihrer Staaten innere Glückseligkeit zu vermehren, als die Zahl ihrer Länder durch Eroberungen zu vergrössern. Daher liebten auch die Bürger und Bauern ihre alte Herrn so herzlich! Man denke nun an die gewaltsame Werbungen, an die unaufhörlichen Kriegssteuern und Soldaten-Einquartierungen; an das Verkaufen deutscher Truppen für

---

*) Ists nicht schreklich, daß im letzten Türkenkrieg man in so vielen Städten Deutschlands laut den Türken lieber als dem Kayser Sieg gönnte!

Engelland und Amerika! Müſſen die Deutſchen nicht für die ganze Welt Soldaten geben, und den Despotismus überall fortpflanzen helfen? Kein Wunder, daß uns die Engelländer mit dem Unnamen, Soldknechte oder Miethlinge, belegen. Sollen und müſſen unſre brafen deutſchen Söhne, — die ſo muthvoll fürs Vaterland kämpfen würden, wenn ſie ein Vaterland hätten, wie das Vieh, dem, der ſie dem Fürſten gut bezahlt, hingegeben werden? Und wie oft trift es ſich, daß um Sold und ſchnö= den Lohn — ein Bruder den andern würgen muß! Ein Soldat ſein eigenes Vaterland mit Blut dün= get; und den mütterlichen Heerd plündern und verbrennen helfen ſoll! Dieſe grauſame Gewohn= heit hat die Nation ſo abrutirt, daß ſelbſt ein kay= ſerlicher General, der berühmte Montekukuli zu ſagen pflegte: Ums Geld — dient der Deutſche dem Teufel. — Aber wer iſt Schuld daran? Wer erlaubt, wer ſchützt die Werbung? Wie iſt es mög= lich, daß da Vaterlandsliebe, dieſe Hauptſehne und Nerf des Staats, gepflanzt werde und fortdauern könne? Und wem ſchlägt das Herz nicht vor Weh= muth, wenn er eine ſolche Entehrung des Vater= lands mit geſunden Augen und gleichgültig mit an= ſehen ſoll!

Der Adelſtand drückt daneben auch ſchwer auf den Bürgerſtand. Groſſe Länder, die ſchon ſo viele

Jahrhunderte gleich einer Sonne, am politischen Himmel leuchteten, kamen dadurch in volle Gährung. Pohlen, Frankreich, Ungarn, geben den Beweis. In allen Provinzen Deutschlands tobten und brauseten schon oft die Geister, wie feuriger Most, der zum Spondloche heraus zu stürmen drohet; aber noch nie sind die Rechte des Bürgers und des Adels, schärfer abgewogen worden wie jetzt, und in Frankreich! — Wenn ich schon den Adel nicht hasse, so habe ich doch so oft sehen müssen, wie er den Bürger= und Bauernstand höchst verächtlich behandelt, und sich dadurch seinen Untergang bereitet. Denn es ist in den meisten europäischen Landen überall bekannt, daß an Geistesbildung, an Talenten, an wirklichem Menschenwerth, an Heroismus, an Großthaten und Seelenadel, an Geistes= und Herzens= Vorzügen — die andern Stände den Adel noch weit übertreffen. Daher wird das stolze Herabblicken dieser Wohlgebohren und Hochgebohrnen, so unausstehlich jedem Mann von Sinn und Gefühl! Darum werden ihre Anmaßungen in Kriegs= und Friedens=Posten oben an zu stehen, überall so sehr gescholten; sonderlich in den Reichsstädten wollten diese doppelt Unwissende den Scepter hoch führen: vorzüglich giebt es da die Menge hochadelicher Trotzer, denen man es tausendmal vergeblich sagt, daß Adel ohne Verdienst, ohne Wissenschaft und

und Tugend, ein Schwerd sey, ohne Schärfe und ohne Spitze! — Sie pochen fort, immer sich auf ihr Blut berufend, das sie wähnen, Engel haben es mit goldnen Schaalen einer reinern Quelle entschöpft! — Aber sind nicht die größten Genies bürgerliche gewesen? Frankreich hat den Adel abgewogen und unendlich zu leicht erfunden! Sie sind nicht nur mit andern Menschen aus gleichem Leimen geknetet; denn der liebe Gott nahm gewiß nicht Tortenteig um einen Adel zu bilden; ja vielmehr ward ihr Blut durch Vorurtheile, Ueppigkeit, und Verzärtelungen immer weniger Kernblut der edeln Alten; um die Vertheidigung des Vaterlandes haben überall die Einwohner und Bürger die größten Verdienste. Wenn das Vaterland in Gefahr ist, wenn Kriegsübel kommen, wer steuert und trägt das Meiste bey? Wer übernimmt grössere Lasten für den Staat, der Adel oder der Bürger = und Bauernstand!

Und leider, trift man unter Deutschlands Grossen die wenigsten Vaterlandsfreunde an; sonderlich scheinen sich unsre Damen noch immer damit zu brüsten, Auslands Nachäfferinnen und Innlands Verächterinnen zu seyn. Der Geist der alten deutschen Weiber verachtet sie, und das ganze Heer von Petitmaitressen des Auslands, deren Aeffinen sie sind! Sie ziehen durch ihr Beyspiel schlechte Nationalsitten. In den mittlern und untern Ständen wurden oft die brafen deutschen Töchter verdorben durch den ärgerlichen bon ton der Grossen! Durch ihre Theater = und Mode = Teufeleyen! Doch haben wir freylich in Deutschland so manchen brafen Minister, Amtmann, — ja selbst Fürsten, die als Biedermänner und Menschenfreunde das Gute suchen, und die Gerechtigkeitspflege als eine heilige Pflicht ausüben; die ihre höchste Ehre in der Volksglückseligkeit finden; die als Felsen mitten im Sturm — die Sicherheit der Staaten erhalten, und Pfleger der Friedenskünste sind; die unter dem Einflusse der Vaterlandsliebe, der Freyheit und der Religion Gottes Gesandte bilden, — und die vielköpfige Tyranney verabscheuen; ihre Geburtstage werden als Heiligenfeste bey dem Volke gefeyert. — — Auch sie gehören zu dem unsichtbaren heiligen Bund, der im Stillen die Erneuerung des Menschengeschlechts, — durch praktische Tugenden bewürkt. Ihre Namen stehen im Buch der ewigen Vergeltung!

Aber der grössere Theil unsrer Fürsten und Grossen spekulirt auf den Beutel des Volks; daher sie die Kriegssucht vor allen Ständen in Schutz nehmen. Der stille häusliche Bürgerstand ist verachtet. — Das zarte Band, womit der Fürst und der Unterthan verbunden ist, wird so leicht zerrissen! Viele verwildern, Krieg = und Jagd ist ihre Lieblingssache. Ich kenne einen Fürsten, der in wenig Jahren fünf Millionen blos für die Jagdlust und das Wildgeheg aufopferte, und daher das nützlichste Feld Brach liegen ließ. Ungerechnet die Plagen der Bauern, wo Wildbahnen die Hauptlust der Fürsten sind.

Wie so manche deutsche Stadt, wie so manche sonst blühende Gegend hat ihre Lebhaftigkeit, ihre Schönheit verlohren? Wie so viele Ueberbleibsel von ehemaliger Größe, Herrlichkeit, Ehre und Reichthum stossen uns auf! Da nisten nun in so vielen grossen Städten Nachtvögel, — die das Licht scheuen; und wo der kluge und vernünftige Bürger in Winkel verscheucht wird, oder gar verschwunden ist. Denn Dummheit kam an die Stelle des Wohlstandes; die gebannte Gewissensfreyheit der Menschen, brachte Armuth und Kleinsinn hervor — Stupidität! — O Gott, du must doch endlich dieser Länder dich erbarmen, und nach so langer Nacht wieder tagen lassen! —

Wer noch — der einiges Gefühl von Redlichkeit hat, darf sich über die Revolutionen wundern? Der ehrliche Mann stützt seine Hoffnung: „daß die Zeit in Geburtsschmerzen liegt, und in Kurzem Dinge gebähren werde, die das Erstaunen der Jetz- und Folgezeit seyn müssen! — Welcher Geist der Freyheit ist beynahe unter allen Völkern aufgewacht! Wie groß, wie alt-römisch sprachen die Pohlacken, die gedrükten Amerikaner, die Franzosen! — Wollen wir frey seyn, so müssen es alle Menschen werden, damit unsre Freyheit unter der Wache Aller sey! Wir müssen unser Vaterland in dem ganzen Europa sehen, da wir blos eine einzige Familie ausmachen. Männer von Schweiz, von Bretagne, aus dem Dauphine', von Norden und Süden, laßt uns eine Ehre darein setzen, Republikaner zu seyn! Laßt uns jedem brafen Volke zu Hülfe fliegen! — Wenn dieser Vaterlandssinn, diese Freyheitsglut, dieser Volkseinklang, — der bey den Franken zuerst sich mächtig zeigte — in dieser Wärme, in dieser Allgemeinheit anzutreffen seyn wird, dann ist Europa geholfen, ja — dann ist die ganze Welt ein Hirt und eine Heerde! Die Eintracht nur erwirbt — der Freyheit goldnes Glück! — Aber du Germania — (Deutschland) du sagst: Ich bleibe neutral, so lange die Rebe schwitzt, der Hopfen gedeiht, und die Grundbirn gerathen. Also mit anscheinender Kälte siehest du der grossen Fehde zu. — Doch unter der Hülle regt sich doch in dir hoher Freyheitssinn! Deutschland du hast es noch nicht vergessen, daß deine Urväter einmal frey waren! Du haſt noch Denkmäler deiner ehemaligen Nationalgröſſe! Männer, von altem deutſchen Eichenſchlage, auf die Hermann und Luther mit Entzücken herabblikt, erinnern dich — wer du warſt, was der deutſche Bund ſeyn könnte! Ein Büſchel Pfeile, die kein Herkules über ſeinen erzenen Knien abzubrechen vermöchte, wenn du einmal mit Freyheitsſinn ihn brünſtig umfaſſen wollteſt! O — wie dann? — Jetzt aber gleicht unſre Geſetzgebung, unſre Staatsverfaſſung, einer Orgel von vielen Regiſtern und verſchiedener Stimmung; wenn man die Koppel zieht, ſo heult alles wie Hunde und Wölfe durcheinander. Die Polizey wird in den meiſten Städten und Provinzen zur Schande unſers Namens verwaltet; da iſt kein Gemeingeiſt, keine Volksliebe, kein feſtes Reichsgeſetz mit der Execution*); überall aber militäriſche Gewalt gegen jeden, der ſich rührt und ſeine Unterdrücker nicht ſegnet. Wo wird ein ſo ſchändlicher Unfug mit den Rechten getrieben als bey uns? Welche Pedanterie, Kleingeiſterey und Weitſchweifigkeit herrſcht bey allen öffentlichen Verhandlungen! (Siehe Raſtadt)

---

*) Für dieſe Reichsverfaſſung ſind die meiſten **Deutſchen** ſo gleichgültig, daß ſie im Jahr 1787 die Türken lieber vor Wien geſehen hätten! Ich habe ein gedruktes Blatt vor mir, wo ich dieſes Faktum aufbewahrt finde.

Welche reiche Erndte finden bey uns alle Wortklauber, Chikanenmacher und Rabulisten. — Wo in Deutschland ist noch, die hohe, ernste, Gott abgelernte Miene der alt-deutschen Gerechtigkeit sichtbar? Wie stoßen selbst die gemeinsten Handwerker und Soldaten die Köpfe zusammen, mukten und peroriren, zürnen und eifern bey einem Glas Bier oder Schnapps wenn eine neue Landesverordnung erscheint, und daß es bey uns so links geht.

Was haben die Reichsstände, die Reichskammergerichte, die Reichshofräthlichen Machthaber in ihrer Vollgewalt seit so vielen Jahren ersprießliches für Deutschland gethan? In den Kriegen mit andern Mächten stunden die tapfern Deutschen wie ausgepumpt da; denn die langsam beschliessenden, stets sich in ihren Absichten und Planen entgegenwirkenden deutschen Stände, raubten ihnen Saft und Kraft, Blut und Mark.

Der deutsche Reichstag wo die Pgrität ohnehin den Gesichtskreis verengt, und die Fensterläden verschlossen hält, daß der wohlthätige Morgenstrahl nicht die Staaten erleuchte — hat zu seinem charakteristischen Unterscheidungszeichen: Unthätigkeit. — Eine unbegreifliche Stille herrscht dort, wenn der ganze deutsche Staat beynahe am Rande des Abgrunds steht. Die interessantesten Sachen, die das Gemeinwesen, die Nationalsicherheit betreffen, werden mit einer Langsamkeit betrieben, kommen oft gar nicht zur Sprache, oder werden politisch umgangen; — und ungeachtet allet Aufforderung des deutschen Nationalgeistes bleibt alles ruhig; ja es lauert ein politischer Sphinx — der gleichsam mit uns sein ewiges Spiel treibt! Und die Nachtvögel — die in der alten deutschen Konstitution ruhig nisten — verschmähen alles Licht! —

Daß es die Nachwelt wisse, welch ein unerhörter Despotißmus auf uns ruhete, als die Revolution in Frankreich ausbrach, und wodurch es allein möglich wurde; daß alle Länder eine Veränderung, eine Umwandlung der Dinge äusserst wünschten; so zeige ich hier den Zustand der Handlungs-Einschränkungen an, die sich die arme Menschheit von ihren sogenannten Vätern des Vaterlands mußten gefallen lassen, und die das Wohl der Staaten so tief herabgebracht haben, daß man überall mehr Bettler, Züchtlinge, Missethäter siehet, als fleißige, emsige, stille, gesittete Bürger. Und der interessante ergiebigste Handel ist in den heutigen Tagen der Contrebande-Handel; darauf läßt sich jetzt am meisten gewinnen, daher treiben ihn auch alle grosse Kaufleute; sowohl in Engelland, Spanien, Portugall, Frankreich, Deutschland, Holland. — Sobald ein Handelsartikel in einem Land hoch verboten ist, so spekulieren hundert darauf. — Diese Wenige nur allein gewinnen, der gröſſere Theil, das arbeitsame, Nahrungsuchende fabrizierende Publikum aber verliert unendlich dabey, so wie es die Preise aller Waaren um mehr als die Hälfte erhöhet hat! — Einige groſſe deutsche Staaten hatten 25 Procent auf alle wollene, seidene und leinene Waaren Impost geschlagen; und die Ausfuhr anderer gänzlich verboten. Dafür sorgte nun der Schleichhändler.— In andern ward die Einfuhr des Tabaks verboten, und man fand bey den einheimischen Fabriken keine gute Prise; — man wollte also die Leute zwingen, — schlechte Waaren zu kaufen. Denn es ist ein fürstliches Privilegium oder ein Monopol darauf! — Vorzüglich zeichnen sich in Deutschland durch Handelsbeschränkungen aus, die östreichischen und preußischen Staaten; da sind der zahllosen inquistionsmäßigen Zollplakereyen und Bistationen aller Art, kein Ende. Groſſe Herrn vernichteten damit ehemals in ihren Staaten berühmt gewesene Messen; Frankfurt an der Oder, Bozen und Wien sind kein Schatten mehr, was sie waren. Sachsen allein, das sich mit Weisheit diese Unklugheit seiner Nachbarn zu Nutze macht, hob sich dadurch; und konnte seine Wunden aus dem 7jährigen Kriege schleunig heilen! Sachsen, das schlechte Landstrassen und gar keine Schiffahrt hat, und alles zur Axe erhält, konnte doch das ganze übrige Deutschland herausfordern, und fragen: wo ist mehr Handel, wo mehr Geld — als bey uns? — Das arme Preussen hingegen schimmert mit seinen künstlichen Fabriken und Mauthämtern wie ein Nachtlicht dagegen! — Nichts ist fälscher, als womit Unkundige und Fürstenschmeichler die grossen Herrn bethören, daß durch das neue Zoll- und Handelssystem — der National-Wohlstand zugenommen habe! Joseph II. ahmte auch darinn dem preußischen Friedrich nach, und Oestreich hat warlich an Vaterlandsliebe seiner Unterthanen, und an wahrem Reichthum unendlich verlohren! Selbst die Gelder, die diese neue Auflagen in die Kassen der Fürsten bringen, sind ohne allen Seegen; — sie laufen durch die untreuen Hände einer Menge von feilen und betrügerischen Menschen; da hingegen die leichte Art, den Zoll zu entrichten, wie es in der Schweiz, Holland und den übrigen Staaten, wo noch wahre humane patriotische Staatskunst üblich ist, bringt durch die wenige aber ehrlichen Hände eine grosse, reine, schöne Summe ein! Aber es gehört mit zur Charakteristik unsers elenden Lebens, daß man in den neuesten Zeiten eine überflüßige Menge von Staatsdienern hält. Es ist Mode in allen Staaten Europens, Projektkrämer und Windbeutels oder Plüsmacher mit Aemtern und Zutrauen zu belohnen! Der größte Theil der Staatseinkünfte fällt in die Säcke der Unterbedienten, und der Schweiß des Volks wird ohne Nutzen für den Staat, weil der Fluch darauf ruhet — elend verzehrt!

Ueberspannt, ja nicht nur überspannt, sondern mehr als türkisch und inquisitorisch, ist die Einmischung der grossen Herren in die Gewerb- und Handels-Angelegenheiten ihrer Unterthanen! Schmach dem Jahrhundert, daß in Europa, unter den civilisirtesten Staaten, gerade die größten Tyrannen durch Privilegien existiren; ich meyne die Schaar von Monopolisten, Zolleinnehmer, Aufpasser, Mauthner, Visitatoren. Man will durch sie den Nationalwohlstand sichern — und ach, es kömmt mir gerade so vor, als wenn man den Wolf zum Wächter über die Heerde macht; sie nagen wie die Raubthiere an dem Mark des Landes, leben vom Schweis der arbeitsamen Klasse, und eujoniren alles was ihnen nahe kömmt. Nicht genug, daß die militärische Gewalthaberey, das Soldatensystem, uns alle zu Boden drückt: wir müssen auch, um das armselige, keuchende Leben zu erhalten, unsere Gewerbs- und Geschäftsfreyheit noch seufzend hingeben! Die Fürsten müssen raffiniren, ihre Einkünfte zu vermehren, weil sie zu ihren forcirten Regierungen unendlich mehr gebrauchen; Friedrich, der Preußen König, hat Deutschland dies sonst hier unbekannte Gut: die Monopole, Accise und Regie, mit der militärischen Gewalt vermacht *)! In seinen Staaten sah man die erste französische Staatsverpachtung, wodurch jene Nation, von woher dieses infernale System kam, auch ruinirt und zur Empörung gebracht wurde; — denn Colbert, der so hochgerühmte Colbert, Staatsminister unter Ludwig XV, war der Erfinder! Ein solcher Erfinder, und der Erfinder der Guillotine ist mir gleich ehrwürdig. Der Contrebandehandel, die Handelseinschränkungen, der Zoll- Accise- und Mauth-Terrorismus kam durch ihn an die Tagesordnung — das war aber ein mächtiger Vorläufer zur Revolution! Ein Terrorismus gebahr den andern; auch waren die würdigen Herren, die zur Armee der Visitatoren, Grenzaufseher, Strandreuter und dergl. gehören, ziemlich das ärgste, was jemals peinliches unter die Menschheit kam. Ihre tausendfachen Ränke,

---

*) In Berlin mußte kürzlich ein Reisender 3 Wochen in die Gefangenschaft, und hatte 1500 Thaler Kosten, weil er von gierigen Zoll- und Mauthnern ertappt wurde, einige Spielkarten im Koffer zu haben. „Oh la bonne liberté allemande!" (S. Müllers Geschichte meiner Gefangenschaft. 8. 1794.)

ihre Bestechungsfähigkeit, ihre auflaurende, spionirende Qualitäten zeigen uns hinlänglich, was das gute Publikum, dem sie als Blutsauger angehängt worden, von ihnen zu fürchten habe; wie es den Nationalcharakter verderben mußte, wie es aber zuletzt doch sich rächet und zum Bruch kömmt, daß Gewalt die Gewalt verdrängt! — Und so ist der Schatten von Freyheit, der noch in Deutschland im Anfang des Jahrhunderts da zu Hause war, ganz zu Grabe getragen worden! —

(Das despotische Verfahren der Zollbedienten und Mauthner ist weltbekannt. Wer reist, fühlt diese Zuchtruthe, ist dieser inquisitorischen Gewalt preisgegeben; nur Schurken reisen geschwind und glücklich; der ehrliche Mann, der sich auf Ränke und Bestechungen nicht versteht, wird muthwillig aufgehalten und überall chikanirt. Nicht nur Waaren des Luxus sind der Beraubung ausgesetzt, auch dringende Bedürfnisse, für welche man eine Prämie setzen sollte, daß man sie einem Lande das daran Mangel hat, zuführt, werden mit der schändlichsten Formalität aufgehalten und mit grossem Impost belegt. Ich sah Naturprodukte von dem ersten Bedürfniß an Zollhäusern abladen; die Frachtwaagen mußten 3 bis 4 Tage an dem Orte liegen bleiben bis sie weiter konnten; — das Getraide wurde gemessen; Butter, Flachs, Hanf, Wolle gewogen; — an Hauptpässen, wo solche Mauthner-Raubhölen sind, kommen oft 3 bis 400 Fuhren zusammen, und können nicht weiter, ohne daß sie nur für ihre Pferde Stallung finden; sie müssen auf den Gassen füttern und übernachten. An andern Orten sah ich die kostbarsten, sorgfältigst gepackten Waarenballen aufreissen, mit Hacken hineinstechen, die Kisten und Koffer von den Wagen herabwerfen, als wären sie unter Räuberhänden! — Doch genug! das gräßliche Bild des abscheulichsten Despotismus bey uns darf man nicht ausmalen! Man darf nur darauf hindeuten, denn jeder kennt diese Furie.)

Kein Wunder, daß bey diesen unerhörten Bedrückungen aller Handel und Wandel an der Schwindsucht laboriren; daß ungeheure Bankerotte ausbrechen; daß die Armuth in den Handelsstaaten in einem fürchterlichen Grade zunimmt; und daß Räuber, Landstreicher und Schuldenmacher aus unserm Deutschland die fremden Erdtheile bevölkern, da Amerika vorzüglich Deutsche zu Kolonisten hat!

Auch der schädliche Fabrikengeist, der aus Engelland stammt, und bloß einzelnen Familien Reichthum und Wohlstand giebt, hat das Elend der Menge vermehren helfen; die Solidität der Waaren hat abgenommen, der Wucher den die Minister und der Stolz der Grossen damit treiben, hat die Bürger ärmer gemacht. — Sully und Colbert! welch ein Unterschied zwischen dem Vater des Volks (Sully), und dem Stiefbruder, dem Freund der Manufakturen (Colbert) *)!

Und doch kann uns die alte republikanische Freyheit, der Hanseebund, die Staaten von Holland und der Schweiz lehren, daß Freyheit die Mutter alles Guten, alles Glückes der Menschheit sey!

*) Sully nahm die Landescultur, den Ackerbau, den freyen Handel, und die Schiffahrt in Schutz; Colbert hauchte auf alles seinen unreinen giftigen Monopolgeist!

Möchten alle Völker, möchten doch die Fürsten, die sich Väter ihres Volks dünken — möchte das ganze Menschengeschlecht doch einsehen, daß ohne dich, göttliche Freyheit! kein Staatenglück, keine Stärke, keine Macht Dauer hat; daß kein Glück und kein Wohlstand der Nationen möglich sey! — Sobald die schändlichen Ketten zerbrochen waren, (Holland, Schweiz, die alten deutschen Reichs=städte sind Zeugen!) wie reiche Felder und liebliche Triften wurden da auf einmal aus den Wüsteneyen der alten Barbarey! Der Landmann, der zuvor für ein gieriges Raubthier schwitzen mußte, arbei=tete nun für sein Eigenthum, für Weib, Kinder und Hausgenossen. Da wurden die Länder ange=baut, die frischen Felder grünten; die freyen deut=schen Städte handelten, erfanden und ersan=nen; das waren Ameisenhaufen, wo Tausend und Tausende aus=und einliefen, und Nahrung und Schätze herbeytrugen! — Da hämmerten die Schmiede; da giengen die Webstühle und Spinnräder; da wimmelten die Kaufhäuser; da flatterten um die Hafen die Segel zu hundert=weise. Alles lebte, alles webte, alles handelte, frey und ungehindert, für Reichthum, Macht, Freyheit und Vergnügen, u. s. w. Da war die beste Polizey, da waren reiche Stiftungen für Arme, für Fremdlinge, für Wittwen und Waysen;

Deutschland und die Republiken.

da war Frömmigkeit in unsern Städten, Gerechtigkeit in unsern Thoren. — O Vaterland! möchtest du dich aufs neue sonnen und wonnen im Strale der heiligen Freyheit! —

Jetzt aber, bey all unserer militärischen Bewachung, ist so manche Stadt und Provinz einem Pulvermagazin gleich, die von der geringsten Berührung des geschwungenen Lunten aufwettern kann! —

———

So zertrümmern auch Freystaaten (Republiken); — sie sind nur dann glücklich, wenn ein gewisser Geist von Uebereinstimmung und allgemeiner Menschenfreundschaft herrscht, wenn die Sitten gut sind; — alsdann kann man auch allein einen vernünftigen Gebrauch von der Freyheit machen. Wenn Eintracht fehlt, so sind die Monarchien noch weit vorzuziehen: denn da hat ein Einzelner doch noch eher Sicherheit seines Eigenthums, und den freyen Gebrauch seiner Talente; seine Zeit wird nicht vom politischen Gewirr vernichtet. — Lieber wollte ich mit den Wölfen und Füchsen in ihren Höhlen hausen, als in einem Freystaat, wo die Gährungen kein Ende nehmen, wo die Bürger selbst durch namenlose Chikanen den Staat zu Grunde richten; wo jeder nur an sich und seine Familie denkt; wo die Grundgesetze mit Füssen getreten werden; wo Partheyen sich aufwerfen; wo kein Gewissen und keine Schaam ist; wo die Volksversammlungen nur dazu dienen, alle Leidenschaften in Empörung zu bringen, und den Gemeingeist der Tyranney entgegen zu führen; wenn niemand mehr weiß was man will; wenn keiner lautern Herzens ist, und wenn so lange und so viel am Staat gemodelt wird, bis alles vermodelt ist, und dann zürnend der National-Genius auffährt, mit Grimm sich umwindet, und ruft: dieser Staat soll zu Grunde gehen! . . . .

O darum, Freunde der Freyheit! gebt den Fürstendienern nicht das Spiel über euch, daß sie sagen: wir sind glücklicher als ihr! — Wer ein braver Republikaner ist, der verabscheuet alle Faktionen! — Verlasset euch nicht auf den Beystand fremder Mächte: Gott und der guten Sache müßt ihr vertrauen; denn der Weltenlenker im Himmel hat noch keinen edlen tapfern Mann, noch kein gutes freyes Volk verlassen! Wer für Vaterland und Freyheit rein athmet, hat Fassung in allen Gefahren, er ist stark durch sich selbst, durch den Schutz und Beyfall aller himmlischen Geister.

Aber wo stehet jetzt eine ältere Republik, die durch solche Grundsätze sich hebt, und festwurzelt? Holland, Schweiz, Genf, Venedig, ihr deutsche Reichsstädte, was seyd ihr? Was waret ihr

in

Deutschland und die Republiken.

in eurer Jugend- und Mannskraft? Was seyd ihr im Lauf der Zeit geworden? Habt ihr eure Vorrechte, eure ererbte Nationalehre, eurer Väter Ruhm durch edlen Nacheifer vermehrt oder vermindert? Stillstehen konntet ihr nicht. — Ach, der alles zernagende Zahn der Zeit, die Einwürkung des Neides und Uebermuths, des Eigennutzes und der Selbstsucht, haben der Welt eure Schwäche sehen lassen. —

Zwar alles schreyt noch bey euch: Vaterland, Freyheit, Unabhängigkeit, allgemeines Wohl. Aber fast jeder schont sich selbst, und sucht andre, die wahrhaft edel und groß denken, zu erniedrigen und zu unterdrücken. — Gräulich schwingt die Uneinigkeit jetzt über so manches freye Land ihr Rabengefieder, und spricht spottend: Omne regnum in se divisum desolabitur. Jedes Reich, uneins mit sich selbst, wird wüste.

Der Partheygeist, der alles heut zu Tage paralysirt, hat sich bey euch eingeschlichen; daher das Schwanken und Wogen eurer Entschlüsse. — Wir haben Staatsmänner, die immer philosophiren und nie handeln; wie elend, wie verächtlich werden dadurch sonst groß gewesene Nationen! Verflucht von grossen Vätern, denn wir thaten Nichts für unsre Freyheit! Der Zeitpunkt unserer Sichtung rückt immer näher, wo Grund und Fugen des Staatsgebäudes brechen, und der ganze Koloß zusammenstürzen muß! — Und der ist kein brafer Deutscher, dem nicht das Herz über die mißliche Lage seines Vaterlandes blutet.

Wie mancher Staat, (Monarchie oder Republik), findet das Ende seiner Laufbahn bey folgender Beschreibung, die einst die Geschichte aufbehalten wird:

„Es war ein Volk, das hieß ****; es zeugte tapfere Völker, war immer hochherzig und braf, und zählte viel grosse Männer; allein seine letzten Nachkommen waren Weichlinge, Schwachköpfe, von den Wellen wilder und unreiner Leidenschaften umhergeschleudert; hier vom Luxus, dort von der Zwietracht entnervt, und die so lange hackten und schaufelten, bis das weit aufgerissene Grab des stürzenden Vaterlands fertig war!„ (Geschrieben im Jahr 1789.)

Ein Mensch von Sklavensinn, verdient ein Sklav zu seyn. —

Noch mit enthusiastischem Wohlgefallen betrachtete der Seher die Schweiz. (Geschrieben im Sommer 1788.) Er sagte: — „Indem alle übrigen europäischen Staaten, wie Eilande aus ihren Sitzen gerissen werden; so bildet das glückliche Helvetien noch ein Eden, vor dem ein flammender Cherub stehet, der jedem Despoten, Tyrannen und

Furſtenknecht den Eingang verbeut. Wenn die Schweizer ſich in dieſer glücklichen Lage erhalten, ſo ſind ſie das glücklichſte Volk, das je auf Erden ſiedelte. Doch bedürfen ſie bey all ihrer weichen Ruhe — der ariſtoteliſchen Warnung wohl: Schlaf und Unthätigkeit ſchwächt Tapferkeit und Freyſinn. Ihnen hatte ein brafer Landsmann gerathen, eine Nationalſchule und ein beſſeres Militär aufzuſtellen, er rief ihnen zu ſpät zu: „Zu groſſen Thaten bereite man ſich mit Würde. Vor allem werde unter uns der unbeſchreibliche Leichtſinn, und der tändelnde Geſchmack verbannt! Warum ſo viele Mühe um Männer in Puppen umzuwandeln? Die zweckloſe Niedlichkeit, die in unſern Waffen, Montierungen, Haaren, bey Muſterungen und Lagern einzuſchleichen beginnt, iſt die beiſſendſte Satyre auf republikaniſche Krieger *). — Und, möchten auch die Weiber dieſes Landes — nicht durch unrühmliche Nachäffung weicher Auslandsſitte, ihre Sitten entſchweizern! Denn leider kommen uberall aus den angeſehnſten Schweizerſtädten ſolche Nachrichten nach Deutſchland, die uns beweiſen, daß auch der helvetiſche Freyſtaat an ſeiner Periode der Umwandlung ſtehe! —

*) Hall eines Eidgenoſſen, St. Gallen 1789.

Patriotißmus, wie sehr bist du herabgesunken! Dies grosse Wort hat in neuern Zeiten eine Bedeutung erhalten, daß man davor erschrickt! Die herrlichsten Grundsätze der Freyheit werden in Staub getreten; aus Spott gegen den wahren Patriotißmus erlaubten sich eine Menge Anarchisten alle Greuelthaten: — so werfen sich zu entscheidenden Stimmengebern Leute auf, die wahren Patriotißmus nicht kennen, und das Vaterland gleich den Despoten zu Grunde richten; voll trügender Sophistereyen, werfen sie in gleisendem und leichten Style ihre Grundsätze hin in die Welt! So wüthet falscher Vaterlands- und Aufklärungseifer, in unsern Tagen, und mordet und verpestet die menschliche Gesellschaft überall. —

    Ein Schwerd in des Rasenden Hand! —
    Schwarz wie die ewige Nacht! Voll Grauens wie
                   das Blut der Erwürgten
Die er schlachtet! —

Das alles vollendet die Verwirrung in Europa; daß man nicht zweifeln darf, es gehe mit uns zur Neige, wenn nicht Gottes Hand ein Mittel zu unserer Rettung herbeyschaft!

Deutschland und die Republiken.

Wenn man das Gewühl der Menschen, und das Wesen der Grossen betrachtet, so kann man sie wie in einem magischen Weltspiegel sehen: gewaltige Heere, die ganz Europa wie ein faules Ey an die Wand zu schleudern drohen; — andre die sich — durch Stillstehen zu Grunde richten; gänzlich geschlagene — und wieder aus der See schlüpfende Flotten; Geburtswehen von Gebürgen und — Mausgeburten; politische Embryonen, die sterben ehe sie reifen; Riesen und Zwerge; gerade Formen und Wechselbälge; geheimnißvolle Minen von einem entdekten Vogelnest; alles im blauen Dunste erscheinend, und die Aufmerksamkeit des schärfsten Gukers täuschend. —

So ungefähr stuhnd es im politischen Weltgetümmel — als auf einmal eine ernsthafte Donnerstimme nicht mit Donquixottischer Prahlerey aufgestützt, über den Erdball erscholl! Die Revolution von Frankreich trat hervor; — sie hat alle Begriffe die bisher in den Köpfen der politischen Gukkastenmacher lagen, verrükt: Die Erscheinung ist so originell, so einzig in ihrer Art, sie kommt wie vom Himmel stürzend — daß es alle bisherige Diplomatiker, Stern- und Zeichendeuter aus ihrer Fassung und aus ihrem System zu bringen fähig war!

Deutschland, herrliches Deutschland, was könnteſt du werden — und was biſt du! In Schatten geſtellt haben dich Kleinherzige Regenten; der Deutſche hat kein Vaterland mehr! Wie ſtrahlen in der alten Geſchichte deine Städte hervor, dein Handel, dein Gewerbsfleiß, deine National-Ehrlichkeit; — und jetzt — wie tod, wie abgeſtorben, wie melankoliſch wandelt man bey den Steingebäuden, bey den groſſen Koloſſen deiner ehemaligen Macht und Gröſſe vorbey! Wie herzvoll, wie bieder waren deine Regenten und Bürger — wie wohl war es da zu leben! Selbſt Fürſten ſagten: ſie wollten lieber in Deutſchland gemeine Bürger ſeyn, als im Ausland Edelleute! Sind doch die Menſchen nirgend ſo vollherzig, ſo gutmüthig! „Aber o Deutſchland wie reifteſt du nach und nach zur Sclavenkette! — Du hörſt auf deine beſten Vaterlandsfreunde nicht mehr. — Verdammt ſey der Partheygeiſt — der uns zuerſt trennte! Kein National-Einklang, keine Gleichſtimmung, kein Sinn fürs Vaterland! — Wir ſind ſelbſt unſre gröſsten Feinde. Wie äuſſerſt wenig hat uns der Schutz von den Groſſen genützt! Die deutſche Nation hat die Ausübung ihrer Rechte in drückende Hände gegeben! Da iſt kein Widerſtand gegen die Gewalt! Kein Kayſer, kein Fürſt ſpricht zu uns — als deutſches Volk, als zu Kindern des Hauſes!

Unsre Gerechtsame hüllen sie ein ins zerstückende Gewand des unerträglich steifen Herkommens. Und, wo wirken die Provinzen unsers grossen Vaterlandes zu Einem Zwecke? — Ja sie wirken so, daß sie immer eine der andern die Fesseln schmieden, und der kraftweckende Nationalstolz unterdrückt werde! — O Stunden eilet, wo wir einmal ganz von dem Gefühl durchdrungen seyn werden, daß Ein Mann für den andern stehen soll, daß nur Eine Stimme sich hören lasse: Ja wir wollen Deutsche seyn! Unser Gold und Silber wollen wir geben dem Staate, und unsre Weiber sollen entsagen der Eitelkeit, und mit ihrem Schmucke solden den Krieger, der fürs Vaterland kämpft! — Zu verlieren ist nichts — zu gewinnen ist alles.

(Kürzlich sagte ein kühner Vaterlandsfreund: „Ich wollte gern verdammt seyn, wenn ich nur mein Vaterland selig wüßte!" Welch ein Eifer! Welch ein Beyspiel! Die Feder fällt mir aus der Hand, und meine Seele beugt sich vor dem Manne dieser alt-römischen oder alt=deutschen Tugend.)

O ihr Geister der Urväter sehet herab auf eure entwürdigte Enkel. Ihr ruft uns aus der Sternenwelt zu: Es ist Zeit, daß ihr euch erhebt und der Nachwelt fühlbar und hörbar machet, auch ihr waret da!

Wer mit des vollen Lebens Donnertritt
Nicht seines Daseyns Gegenwart erprobt;
  Der ist nur halb.

Europens Sittenzustand.

Aus dem Gemälde, das wir vor uns schon aufgestellt sehen, wie buntscheckigt unsre policirten Staaten regiert wurden, kann man auch schliessen, wie die höchste Angelegenheit des Menschen, die Geistesbildung, bey uns in Europa gepflegt ward. Die Nachwelt soll auch hierüber die Blitzhelle in folgendem erkennen:

Tief gefallen, ja tief gefallen sind wir. Unser Jahrhundert liefert nur Werktagsseelen, und unter Tausenden von diesen kaum Einen guten Kopf, und höchst selten ein praktisches Genie! Der grosse Theil der sogenannten aufgeklärtern höhern Classe brütet an Kleinsinn, an markloser Erschlaffung; vieles Geplauder und Rühmens, ohne That; viel Geschreibsel und Gekritzel, ohne Innhalt, ohne Erfahrung; vieles Donnern ohne Schlag; alles verschlingende, grossprahlende Anstalten, markaussaugender Aufwand, ohne Thatkraft, ohne Beharrlichkeit! Ewiges Meisseln und Zimmern an der Ausbildung, und entnervende schwindsüchtige Plane, ohne Herz und Gefühl! Riesenplane ohne

Muth; Winkelzüge, zwecklose Ausweichung (temporisiren) wo Eile gilt! Furchtsames Herumkriechen in der Peripherie, statt im geraden Sonnenradius ins Centrum zu stürzen! — Alle diese Symptome scheinen leider Zeichen der Zeit zu seyn, die von der traurigsten Erschlaffung in den Nerven des Staats bewirkt worden. — Denn man sehe, wie schlechte Schätzer des Verdienstes die Grossen sind! Da kenne ich so manchen Menschen, der nichts kann als mit einigen Konzerten, Rondo's, Tanzsprüngen, Theaterkünsten, Augen und Ohren belustigen, und der doch mehrere tausend Gulden Besoldung erhält; indeß talentvolle, arbeitsame Geschäftsmänner, manche tiefe Kenner der wichtigsten Wissenschaften, mit etlich hundert Thalern kümmerlich sich durchbringen müssen! Und wie viele Aemter werden bloß mit Schmeichlern und Kriechern besetzt! —

Welche Abgöttereyen werden mit den Künsten und Wissenschaften getrieben! Der ökonomische Geist ist nirgends mehr sichtbar: stille Grösse und Einfalt, als die wahren Kennzeichen des Erhabenen, erkennt man in den neuen Kunstwerken nirgends; noch seltener aber ein edles Herz! (Das meiste was die neuern Schriftsteller über schöne Künste liefern, ist in metaphysischer Duftgestalt.) Da siehet man in allen Zimmern und Sälen der Grossen die leichtfertigsten Mahlereyen und schamlosesten Bilder; nackte Statüen! Ihre öffentlichen Lusthäuser, Gärten und Theater sind Tempel der Unzucht; ihre Bibliotheken, Schatzkammern der Lambsake und der Epicure; — überall Ueppigkeit und abgöttische Verehrung des Luxus! Welche ungeheure Summen werden für solche Dinge bezahlt! indessen hart neben diesen Pallästen des Muthwillens, der dürftige Unterthan und Bürger kaum eine Decke, kaum eine Hülle über seine Schaam, kaum ein Dach hat — kaum einen trocknen Bissen seinen Unmündigen in Mund stecken kann! — Und da rufen die Schmeichler noch: Ja, unser Fürst ist ein Mann von Geschmack; ein Kunstkenner, der das Grosse und Schöne liebt; ein Beschützer der Wissenschaften! . . .

Auch für den Gaumen muß aus allen vier Welttheilen zusammengeschleppt werden, was kriecht, was fliegt, was reizt, was lockt, was verderbt! Die alte Ehrlichkeit, Sparsamkeit und Gutmüthigkeit im Hause der Großväter, wird lächerlich gemacht! —

Das ganze Erdenrund muß dem Reichen zum Tribut dienen; aus tausend Körpern saugt er das Oel und die Säfte; ihm müssen düften alle Wohlgerüche; ihm muß die aromatische Staude ihr Mark tröpfeln, und die geistigen Getränke sprudeln; indianische Gewürze, wildes und zahmes

Fleisch muß herbeygebracht werden. — Um alles das zu bestreiten, nimmt der Wucher zu. Der infamste Egoismus zermalmt unsre Volksglückseligkeit. Der Eigennutz, eine falsche Staatskunst, zertrümmert die wenigen Ueberreste von Staatenglück! Obgleich die Fürsten und Grossen ungeheure Einkünfte ziehen, so wenden sie doch alles nur auf Soldaten und Luxus. Grosse Imposten zu machen, Fabriken und Monopole in Zwang zu nehmen, den Bürgerstand untergraben, sind an der Tagesordnung. Daher ist der gemeine Mann nahe am Hungertod.

Um des Elends noch mehr zu spotten, etablirt man Lotterien, und dieß ist die letzte Blutsaugerey am Schweistuch der Armen! — Accis, Zölle, Einfuhr-Verbote, sind in diesen **humanen Zeiten** à leur hauteur.

Aber die Schmeichler der Grossen, die Logomachienmacher nehmen alles das in Schutz. — Kayser Joseph bot hundert Dukaten auf die beste Beantwortung der Frage: wie dem Wucher zu steuern? Da waren aber Schurken genug, die den Wucher vertheidigten; auch die Werke Beelzebubs sind nicht ohne Ruhm geblieben! Schon lange hört man die Hungerstimme der Armen — in unserm reichen Europa rufen: O Allvater gieb bessere Zeiten — damit ich nicht in Versuchung falle zu stehlen! Seit

25 Jahren konnte sich bald keine Familie mehr ehrlich durchbringen; daher so viel Mißmuth, so viel Gram, so viel stille Verzweiflung, so viel Revolutionsdrang. Der Wucherer erscheint bald in Purpur, bald als Amtmann, bald als Priester, bald als Jud, bald als Bauer.

Die Priester sind nicht die Mindesten im Wucher. Es ist ihnen mehr ums Gold als um die Wahrheit zu thun. Sie eifern für ihren Kultus, weil ihr Brodkorb daran hängt. — Die Gerechtigkeitsverwaltung ist eben so kümmerlich bestellt; den Richtern ist oft mehr am Herzen, Nutzen aus dem Laster zu ziehen als seinen Fortgang zu hemmen! Und so haben wir unter unsern Vorstehern, Lehrern und Richtern Leute genug, die uns so listig das Licht versperren; Basilisken-Eyer in Weg legen, die dann die ungeheure Menge von Heuchlern ausbrütet. —

Das Herz der Jugend wird schon frühe irregeleitet; man giebt Almosen, und rühmt sich der Mildthätigkeit, der Erbarmung, des guten Herzens; und eben die Geber von einigen Gulden oder Groschen, — betrügen und wuchern am ganzen Publikum! Sie sind fürs Geld aller Niederträchtigkeiten fähig! — Wie viele solcher Geizhälse und Geldsauger verdienten die Strafe, die einst ein Indianer einem Spanier zuerkannte, indem er ihm siedend Gold in Rachen goß, mit den Worten: Da schluck deinen Gott! Und sie alle wollen noch Christen heissen! Aber der, nach dessen Namen wir uns bisher nannten, hat hohe Ursache uns zuzurufen: Fahret hin und diene ein jeder seinem Götzen, aber meinen Namen laßt hinführo ungeschändet! —

Auch die Buchdruckerpressen haben die Sittenverschlimmerung mit grossem Erfolg befördert! — Man denke nur, welche entehrende Schriften in den letzten 30 Jahren Trotz aller Censur zum Vorschein kamen; wie öffentlich und heimlich unsre Belletristen (Genies!!) in dem so biedern, frommen, keuschen, züchtigen, ehrbaren Deutschlande den schädlichsten Saamen ausstreuten, aller Unzucht, aller Hohnsprechung und allem Luxus das Wort redeten; und unsern Kindern und Enkeln den giftgetränkten Dolch ins Herz stiessen!! — Man denke an die Menge pädagogischer Grillenfänger, Erziehungsräthe, Projektmacher; an die Verachtung alles Alten! Und an die Lesewuth die ihres gleichen nicht hat. Man denke an das Chor von satanischen Henkersknechten, die jeden an Galgen der Kritik schlagen, der nicht ihres Gelichters ist; an die Komplottmacher, an die Legion von Rezensenten und Kläffern in Journalen! O Vaterland, Vaterland! Wenn Männer von Wahrheitssinn, von Religionsliebe, von Gelehrsamkeit, von Vaterlandseifer beseelt; Männer, die Herzens- und

Geistesgüte besitzen, die Kraft in That und Wörten äussern, die eine beyspiellose Uneigennützigteit bey dem Herausgeben ihrer Werke an Tag legten, dennoch von muthwilligen Buben ungeahndet mit Koth geworfen werden dürfen, woher soll man Muth nehmen dir zu dienen, dich zu lieben, für dich zu leben, zu schreiben, zu handeln, zu bluten! —

Die Akademien, die Schulen der Gelehrten, sind größtentheils Wohnsitze des Schwärmergeistes, der geistlähmenden Polemik und metaphysischen Spinnweberey; — von der Minerva siehet man fast nichts als ihre — Eule! Kaum kann ein ehrlicher Mann mehr verstehen, was die Gelehrten wollen. Sie wollen erhaben seyn und reden Bombast, Nonsense, Galimathias; — die ehrliche Sprache der Vernunft ist schrecklich verdorben worden. Die neuen Philosophen unter den Deutschen haben einen Styl, so barbarisch, daß beynahe kein neuer Prediger, Rechtsgelehrter, oder Gesetzgeber mehr verstanden wird, wenn er ihre Schule besucht hat; als ein Fluch ruhet es auf allen, die nach der heutigen Kantischen Philosophie träumen, daß sie unbrauchbar für das Leben, im Reden und Handeln für das Volk erlahmt sind. — Daher die grosse Auflösung der Sitten, der Anhänglichkeit, der Treue! — Verstellung, zurückstossendes Wesen ist jetzt zwischen den Ständen allgemein; — Träumer und Heuchler giebts jetzt unter den Gelehrten vorzüglich viele! Und es wimmelt von Gelehrten und Schriftstellern die den Staat schwer drucken.

Die Axt hat deine älteste Eichen gefällt; — Europa! und der Arm der Kultur hat deine Wälder gelichtet. Alles ist so neu, so verändert, so schwächlich, so gekünstelt! Von Eisrinden haben die Aufklärer einen Aufklärungstempel errichtet, darinn der Priester wie der Anbeter — fröstelt! Kurz, da sie sich für Weise hielten, sind sie alle zu Narren worden.

Unsre heutigen Gelehrten sind mehr Nachschwäzer als gerade Menschen. Die alten Schriftsteller haben alle mehr Natur gehabt, da hingegen die Neuern einzig nur ihre Kenntnisse aus Büchern haben. Darum sind die alten Schriftsteller billig ein Denkmal, an denen wir uns wieder aus dem Taumel der Gelehrsamkeit orientieren müssen. Und es ist ein nicht allmähliges, sondern unbegreiflich schnelles Herabsinken zur zwecklosesten Strebsamkeit, zum kühlen, herzlosen Geschreib' und Gerede, zur physischen und moralischen Entkräftung! Als Viertel= und Halbmänner, käuen sie ihr ganzes Leben den Brey wieder, der ihnen von todtkalten Systematikern ums Maul gestrichen wird; — sie legen alles auf die Retorte der frostigen Kritik, und amüsiren sich am verfliegenden Dufte der Wahrheit. —

Wenns hoch kömmt, mag hie und da einer die reine unverstellte, ungeheuchelte Wahrheit erkennen; — aber hat er Muth sie mit seinem Blute zu versiegeln? Fröhnt er nicht den Umständen — dem Modegeist? Es ist zwar noch tiefblickender Geist sichtbar, aber falschen Herzens sind sie beynahe alle! Ein beynahe allgemein verdorbener Charakter unter der Nation, Falschheit, Verstellung, sind die Resultate dieser schmähligen Ausartung der Obern= und Lehrstände.

Kirchen- und Religionszustand.

So zerrüttet die politische und sittliche Verfassung von Europa am Ende des 18ten Jahrhunderts war, so höchst verwirrt und kraftlos war auch die religiose. Sie hielten gleichen Schritt. Denn man kann nichts herzloseres denken, als die Kirchen- und Schulverfassungen nach dem neuesten Zuschnitt. Man nannte es Aufklärung, es war aber Verfinsterung; man prahlte mit Licht, es war aber nur künstlicher Schein, der wie in einer Optica die Augen blendete, daß die Leute gar nichts natürlich mehr sehen konnten. Die Hierarchie athmete aus, aber sie ließ uns, als ein natürliches Gezeugniß aus ihren Lenden, als Sprösse der abgeschnittenen Aeste, den tobenden Unglauben und den satanischen Spott zurück. So wie ehemals der Aberglaube Leiber würgte, und die Märtyrerseele damit Ruhe hatte: so mordete der Unglaube jetzt Seelen, die ihn in den Flammen der Ewigkeit noch verfluchen werden.

Das alles haben wir der schlechten Aufsicht auf die Studien zuzuschreiben; der Geringschätzung wahrer und bescheidener Verdienste; des ewigen Hanges nach glänzenden täuschenden Schattenbildern, und der Herabwürdigung und Gemeinmachung der Wissenschaften durch unfähige, schlechterzogene, sittenlose Subjekte *).

Der neueste Religionszustand in Europa deutet auf grosse Veränderungen! Wer die Zeichen der Zeit beobachtet, fühlt es schon lange; es fühlts der Mann, der die Modeweisen, die Lacher, die Lichtausblasenden Aufklärer, die gefrornen Schriftgelehrten, die Geistverenger und entmannte Nichtsglauber ins Auge faßt! Wer sich ans Wort hält, das längst ausgesprochen ist, weiß es, daß der Geist des Herrn diese und noch trübere Tage längst vorher verkündigt hat. Aber die Rechte Jehova's durften nicht wanken, und seine strafende Hand konnte nicht ausbleiben.

Der Unfug in der Religion ist wie der Unfug im Politischen, durch unweise, brutale, selbstsüch-

*) Der Tugend und Freyheit haben die Stipendiaten, die Schmeichler und Kriecher bey den Grossen, mehr geschadet als man glaubt!

Wenn das Werk weniger mit Galle getränkt wäre (aber freylich konnten die Leute, gegen die er schrieb, Galle machen) so würde ich allen Fürsten, Ministern und Hofräthen in ihre Kabinette legen: Heinzmanns Appel an die deutsche Nation. Bern 1795. — Das Werk stellt lebendig den Fluch mercenärer Schriftsteller dar, unsrer Studienhelden und Bettelstudenten!

Kirchen- und Religionszustand.

tige Leute gepflanzt worden. Ungeistliche Geistliche haben unserm Vaterlande die heissesten Wunden geschlagen. — Erst durch ihr Handeln, dann durch ihre Reden. — Was letzteres betrift, so hüllten sie sich erst in hölzerne Orthodoxie ein; dann als der Berliner-Foppton*) einriß, wurden sie Schweber; — bald da, bald dorthin nickend; — endlich offenbare Feinde des Christenthums, die sich schämten den Namen ihres Meisters zu nennen; und heimlich und öffentlich gegen ihn Gift ausschäumend.**) —

Dazu kommt noch ihr Wandel; ihr Einmischen in alles was die Politik angehet. Ihr hoher Ton auf Katheder und Kanzel. Ihr Pfaffen- oder Priesterstolz. Auch unter den Protestanten hatten wir genug solcher Pfaffen=Tücke, solcher Mamelucken und Heuchler; sie machten es so arg als je die Katholiken. — Denn was ist empörender, als daß jeder weltliche Regent seine Regierung damit anfangen muß, daß er die Priester lehrt, was ihres Amtes ist; daß sie ewig nach Neuerungen schnappen? Und wo hat sich Christus jemals ins Weltregiment ge-

---

*) Muster in der allgemeinen deutschen Bibliothek, und sonst.
**) Das Berliner Religions=Edikt giebt den Beweis, wie weit es schon mit der christlichen Kirche, im Preußischen müsse gekommen seyn, da ein solches Gesetz dort nöthig wurde, und ganz Deutschland, wenigstens alles was aufgeklärt heissen wollte, kleidete sich nach dem Berlinerschnitt.

mischt? Wo hat er es seinen Jüngern befohlen? Gehorsam, Beugung unter die weltliche Obrigkeiten, stilles Dulden und Harren auch unter dem eisernen Scepter der Tyrannen, das lehrte er; und nicht Einmischung in weltliche Händel, die den Geist der Diener der Kirche zerstreuen, ihr Herz mit Herrschsucht und Stolz erfüllen, und sie auf immer zu Predigern des Evangeliums unfähig machen.

Und wenn noch Prediger, — wie oft heut zu Tage — zur Schande des Christenthums — **Wucherer sind**; wenn sie, der Einfalt des Evangeliums zuwider, durch Pracht, Wolleben *) und Ueppigkeit, Skandale ihrer Gemeinde werden; dann sollte man ihnen ihren Reichthum, oder ihren Priesterrock nehmen, denn sie entweyhen beydes!

(Die braven und gutgesinnten kennt Gott und ihre Gemeinde; also sind sie nicht im Gerichtshaufen, und kommen hier nicht in die Verachtung!)

Wir gehen zur katholischen Kirche fort. Auch sie hat ihre Stösse erhalten, und ein Quader fiel nach dem andern vom Thronhimmel dieser Kirche. In Europa ist die Priestergewalt so gesunken, (wo-

---

*) War es doch auch in der Schweiz so, daß im Pfarrhaus wie im Schloß, das Feuer auf dem Heerde den ganzen Tag nicht erlosch. Note des Setzers.

für Gott gedankt sey, denn es ist das Beste von dem Lauf der Zeit!) daß sie nur noch wie das Zucken eines sterbenden Lichts erscheint. — Die Zeit hat diese gewaltsame Revolution der Kirche herbeygeführt, und Frankreichs Erschütterung hat den Fall um wenigstens ein Jahrhundert beschleunigt. —

Die gallikanische Kirche (die französische) hat sich den Anmaßungen des römischen Hofes am ersten entgegengesetzt; und seit der Zeit fieng man überall an — die Versechter der päbstlichen Hoheit auszupfeifen. — Wäre Frankreich und Joseph II. nicht ins Mittel getreten, und wäre die militärische Macht nicht zu fürchten gewesen, die pfiffigen Jesuiten würden noch lange sich über die Dummheit des katholischen Pöbels lustig gemacht haben. Pater Bellarmin sagte: „Das deutsche katholische Volk ist ein gedultiges Schäflein, das dem Pfiff des Hirten folgt, es geht in Stall, zur Schur oder zur Schlachtbank *).,, —

Aber als die französischen Bischöffe auf Andriu-

---

*) Warum das Elend in den katholischen Landen viel größer ist, als bey den Protestanten; kommt vom Müßiggang. Die Klosterbrüder und Klostersöhne, die alle Nichts thun, und das Fett des Landes verzehren, geben Beyspiele, die anstecken. Auch sind bey Faullenzern, die Diebe und Betrüger häufiger! Die fetten Klostersuppen und sogenannten milden Stiftungen zielen alle darauf hin, eine Menge schädlicher Insekten zu ziehen, die am Staatskörper wie Ungeziefer nagen.

gen der Stände, den Protestanten (1788.) einige Rechte erlauben sollten, erschienen sie wieder ganz als Pfaffen; und der wahre Menschenfreund statt zu danken, mußte im glühenden Ernst über das Pfaffenregiment fluchen! Sie sagten ihnen: „Bey euch kann man tausendmal leichter ein Hurenhaus, ein Spielhaus, ein Saufhaus errichten, als ein Bethaus. — Kein kleiner Beweis, daß der Teufel sein Spiel mit euch treibt!„ — (Die Folgen der Revolution haben gezeigt, daß die Rache Gottes zehnfältig auf die katholischen Geistlichen fiel; den Protestanten wurden ihre Bethäuser in Frankreich geöfnet, hingegen den Katholiken ihre geschlossen, oder in Ställe oder Heuschober verwandelt; viele Kirchen wurden als Steingemäuer zum Abtragen verkauft; — der Finger des Herrn kann hier nicht mißkannt werden. Und, gerade sind es auch 100 Jahre, daß sie die Protestanten zur schrecklichsten Emigration nöthigten. Wie doch alles bey dieser Revolution so bedeutend ist!)

Als Warnstimme, wie auf die französische Geistlichkeit ein gerechter Eifer fiel, wollen wir hier genau ihre Schritte beym Ausbruch der Revolution anzeigen: Das Ministerium wollte die Toleranz begünstigen, wenigstens den Juden und Akatholischen einen Freybrief ertheilen, daß sie um eine Sprosse über den Ourang-Outang auf der

Kirchen- und Religionszustand.

Wesenleiter erhoben seyen; aber die Priester brüllten ihr Nego, und ihre Fleischhügel waren undurchdringlicher als die Quadersteine der tartarischen Mauer. — Wären die Geistlichen-Tyrannen nicht gestürzt worden, so hätte man lange noch vergeblich die Menschenrechte angerufen; denn das Mönchen-Heer verrammelte überall die Wege. Sie saßen wie Heuschreckenschwärme unter dem Volk, und verzehrten das Fett des Landes, ohne zu seinem Wohlstand und Glück etwas beyzutragen. —

Das französische Religions-Edikt, welches bey der ersten Ständeversammlung (1787.) erschien, enthielt schlechterdings nur, daß die Protestanten den Juden gleichgesetzt werden, und ein ehrliches Begräbniß haben sollten. — Ja, die Juden hatten noch mehr Rechte, sie durften ihre Synagogen haben, aber den Protestanten sollte es ferner verboten seyn, öffentlichen Gottesdienst zu halten. Also ward ihnen kein Bethaus, keine Kirche erlaubt. Traf man protestantische Geistliche an, die sich als Geistliche sehen ließen, so durfte man sie wie zuvor — auf die Galeeren schicken. — Blos ein gesetzliches Daseyn, gab man den Protestanten, das heißt: Ihre Güter sollten gesichert seyn, aber zu den katholischen Schulen und Kirchen sollten sie ihre Beysteuern zahlen! zugleich wurden sie für unfähig erklärt, das geringste öffentliche Dorfämtlein zu verwalten; — den Todten gönnte man endlich ein ehrliches Begräbniß, weil man sie nicht wie Speckschwarden in Rauch hängen konnte; auch durften sie nicht bey den Gräbern laut beten. — — Hierüber sagt der Seher: „O ihr treuherzigen Muselmänner — belehrt doch die Franzen*), die sich ihrer Menschlichkeit und Gefälligkeit vor allen Nationen rühmen — die da wähnen — sie hätten dem hierarchischen Thier den ersten Streich versetzt; sagt ihnen, daß ihr neues Toleranz-Edikt ihren eignen Grundsätzen, den Rechten der Menschheit, dem Gesetz der Liebe, und aller wahren Politik widerspreche. Zeigt ihnen, daß Juden und Christen unter euch Gesellschaften bilden, die ihre Patriarchen, Bischöffe, öffentliche Lehrer, Kirchen, Schulen und Klöster haben. — Und — Schande für Parlementer, die ein so mageres, den Erwartungen der Protestanten so wenig entsprechendes Edikt, nicht einmal in ihre Bücher aufnehmen wollen, weil es zu viel gestattete! — Doch Geduld, bis ein Joseph kommt, der die fetten Kühe ausmelkt, und die Magern in Fette verwandelt!„

So stund es noch bey der ersten Ständeversammlung in Frankreich (1788)! So unduldsam waren sie gegen Neuerungen, so boshaft intrigirten sie noch selbst während der Revolution! Aber ihre Thaten sind schon alle abgewogen, sie sind jetzt der Fluch, wo sie hinkommen; flüchtig und unstät — wie Kain, der Bruder-Mörder.

---

*) Aber es war nicht die Nation, sondern die Pfaffen.

Staats-Revolutionen.

Jedes Reich muß, so will es das Schicksal, durch irgend eine grosse That bewährt werden, und den Riesen seiner Kraft — seine Freyheit — mit Schmerzen gebähren! Griechenland nach der persischen Ueberfluthung; die hohe Roma nach Karthago's Zertrümmerung; die Schweiz, Holland, Engelland, Nord-Amerika — sie alle hatten ihre Blutperiode glücklich überstanden; was bisher geschah, geschah im Einzelnen: die französische Revolution aber soll ihre Wirkungen auf das ganze Menschengeschlecht verbreiten!

Pitt sagte im Frühling 1788 in der Versammlung des Parlaments: „Das achtzehende Jahrhundert wird mit fürchterlichen Umschwüngen in der Politik, Religion und Litteratur zu seinem Ziele eilen; und es scheint, ehe wir 1800 schreiben, werde die Welt eine neue Gestalt haben!" — Dies scheint einzutreffen, obgleich Pitt dagegen sich jetzt krümmt wie ein Wurm!

Der Vorhang ist aufgezogen, die Uebel kennen wir, die eine so schreckliche Revolution über ganz Europa brachten; hier nur noch einige Winke, um den Verläumdern der Wahrheit zu begegnen, die da die Leute glauben machen möchten, es sey alles bloß Werk der Bosheit, der Faktionen — und die den Finger eines rächenden Gottes nirgends fühlen! Warum? Sie sind dem Gerichte der Verstockung überliefert, und möchten die ganze Welt diesem Gerichte überliefern.

Längst schon sah man Frankreich den Ton in Europa angeben. Es war also im Plan der Vorsehung, daß das Uebel woher es kam, auch die Heilung bringen sollte: Frankreich sollte auch in dieser grossen, allgemeinen Angelegenheit der Menschheit den Ton angeben! Der **gallische Hahn** sollte das Zeichen zum Erwachen geben! **Ihr Völker merkt auf!** — **Bigotterie, Luxus, Schwachsinn** herrschten vorzüglich unter den Grossen; sie stunden unter dem Aufklärungsgrade ihrer Völker; sie waren früher ermattet als die Nationen, deren Führer sie seyn sollten! Daher haben die Völker noch Kräfte, **Freyheitswehen** zu empfinden, die den Grossen fehlen. Sie haben nichts als Kabale und Furcht! — Die Grossen mit ihren Schmeichlern arbeiten überall gleich am **Nachlasse der Natur.** — Sie dorren dahin, und niemand bedauert sie! . . .

Vor 10 Jahren starb der Visionär, dessen Großgefühle ich bisher darstellte. Die Revolution war noch nicht ausgebrochen, aber Ahndungen, grosse Vorempfindungen hatte er davon. Seine Sprache war von der Wahrheit gestempelt. Und im Jahr 1789 verließ er die Welt mit diesem prophetischen Sehersinn. Er sagte:

„So manches grosse Reich, das in der Weltgeschichte vorkommt, war durch Würfe von aussen nicht zu erschüttern; Erdbeben aus seiner Mitte herauf, mußten es auf seine Höhe heben. **Gallia** wird dieses Schauspiel der Welt geben. . . . Wenn aber ein so heftig bewegter, grosser, politischer Staatskörper seine Richtung nach der Aussenseite bekommt; wenn er dabey noch so furchtbar kräftig wirkt, so unangefressen vom Wurm der

Staats-Revolutionen. 75

Muthlosigkeit ist, wie Frankreich würklich heute noch ist — dann wird es mit dem Riesenschlag seiner Kraft die Schmach rächen, die seine faden Grossen über das Volk häuften. — Nie ist eine Nation furchtbarer, als wenn Rache von innen und aussen, wenn das glühende Feuer für Nationalehre, für Freyheit und Nationalglück auflodert! Der Genius dieses Volks kann dann wie auf einem himmelgethürmten Felsen stehen, allen Völkern weit umher mit der Donnerstimme zurufen: **Wer was will, der komme!**...

„Und da werden dann jene politischen Trotzer auftreten, die alles nach ihrem Eigendünkel lenken wollen; oder gar jene Neider, die gegen Frankreich eine alte Glutrache im Herzen tragen, werden glauben, jetzt den Moment benutzen zu müssen, weil sie das Reich am schwächsten glauben. ... Aber dann, o dann wird ein Schlachttag angehen, wie keiner noch war! Königreiche werden mit Königreichen zernichtet; aus finstern Wolken werden die Wetter der Zwietracht blitzen; des Aufruhrs Fackel wird im dampfenden Nebel lodern, und ihr träufelndes Pech wird versengen Städte und Land! — Die Erde wird von Gräbern gemordeter Menschen aufschwellen, und die Hayfische werden sich mästen mit Menschenleichen. Von allen vier Winden wird die Stimme der Furcht und des Wartens auf noch schrecklichere Dinge, jammern; und der Stoßseufzer wird auf aller Geängsteten Lippen liegen: Allherrscher im Himmel, sind wir reif zum Gericht?!...

„Was diese S c e n e noch furchtbarer machen wird, ist der Freyheitssinn der Franken, den sie andern Völkern mittheilen werden: die Volksrache wird überall erwachen! —

Und zum Belege dieser Vorempfindung, theilte der Seher einen Brief mit, der aus Frankreich beym Ausbruch des Türkenkriegs geschrieben ward. Das Schreiben kam aus Paris den 7. Jenner 1788, und lautete:

„Da der Türkenkrieg entschieden ist, so wird gewiß künftiges Jahr Gallia so hart auftreten, daß der ganze europäische Boden dröhnt (bebt). Ehe wird es das ganze europäische Kabinetssystem verrücken, ehe alle seine Macht zu Wasser und zu Land aufbieten, als zugeben, daß die zwey Kaiserhöfe ihren tollkühnen Plan ausführen! Glauben Sie mir, Frankreich hat noch grosse, selbstständige Menschenseelen, hat Männer von Rückenmark und Herzkraft! — Obgleich jetzt alle unsere alten Freunde uns untreu werden: Preussen, Schweden, Holland es mit den grossen Höfen halten. Unser muthiger Nationalgeist wird schon die Wende anzusetzen wissen, um alle diese Chimären aufzulüpfen. Man wird unsern Donnertritt hören, von Chili bis nach Kamtschatka, vom Kap bis an den Belt! —"

Diese Sprache, die man damals Windbeuteley schalt, fand doch hie und da Glauben, wenn man auf den grossen Bund sah, den die Grossen unter sich machten, und der darauf hin gieng: Preussen in den möglichsten Zustand der Kleinheit und Unbedeutsamkeit herabzuwürdigen; der Polnischen, Holländischen, und allen republikanischen Verfassungen ein Ende zu machen; den Norden zwischen Oestreich und Rußland zu vertheilen *); die Türken aus Europa zu drücken! — — Alle andern

---

*) Die Parthey der Königinn von Frankreich, die ihr östreichisches Blut nur zu sehr verrieth, mußte noch mit Hoflist alles thun, Oestreichs und Rußlands Riesenplane zu begünstigen; und so mußte diese Schlauheit die Zerschmetterung des politischen Systems von Europa beschleunigen! Was die Menschen glauben recht klug zu thun, das wird gemeiniglich recht links! —

europäischen Staaten sollten dann nur als Unschlittlichter noch neben diesen zwey flammenden Sonnen am politischen Himmel leuchten!!... Diese romanhafte Entwürfe, wovon damals alle europäischen Blätter voll waren, hatten noch mehr Wahrscheinlichkeit, als die Trotzsprache des fränkischen Schreibers. Aber schade für die Grossen und Mächtigen, daß der alte Zepterträger im Himmel auch noch ein Wörtlein drein zu sprechen hatte! —

Frankreich genoß das Glück, das fast jeder sich bildende Freystaat hatte: daß man das Reich für entkräftet hielt, eben da es am stärksten war! — Die Nation darf die Hand der Vorsehung küssen, daß die junge Republik, ehe sie ganz befestiget und gegründet da war, von den europäischen Mächten nicht recht ins Auge gefaßt wurde *); und indem man glaubte, Franzosen könnten nichts Grosses, nichts Anhaltendes, nichts von Dauer ausführen; sie besässen nicht Stetigkeit, nicht Beharrlichkeit, nicht Kraft genug; — so entwarfen sie einen der kühnsten Revolutionsplane, und führten ihn aus!... Diese Keckheit des Unternehmens hätte allen andern Köpfen Schwindel gemacht, und übertrift alles, was das Alterthum ersann!

Was wird aus der gegenwärtigen sichtbaren Umwälzung werden? — Wer vermag das zu sagen?.... Nur Gott, der ins Ganze blickt, (dessen Auge auf einmal den Erdball überschaut, und das Regen und Treiben der entferntesten Wesen kennt) — nur Er, vor dem die Anfänge aller Begebenheiten und ihr Ausgang zu-

---

*) Ja die stolzen Engländer und andere riefen: Was wollen doch die Franzosen, sie sind ja voller Schulden!

gleich), wie ein Buch aufgeschlagen liegen; nur Er, der mit seinem Finger die Welten lenkt, und wohl weiß, was er für Wirkungen auf künftige Jahrhunderte durch diese Revolution vorbereitet hat; nur Er, vor dem die Zukunft ist wie die Gegenwart — nur der kann sagen, was da werden soll! Aber alle Anzeigen sind da, daß der gegenwärtige Zeitpunkt der allerwichtigste für die Menschheit sey, der je gewesen ist.

Ihr aber, schwache Sterbliche! die ihr noch immer fortfahret, die Wege der Vorsehung zu lästern, und mit eurem unmächtigen Widerstand, das Schwerd, das gegen euch geschärft ist, reizet — ihr seyd verantwortlich für das Blut, das ferner unnütz verspritzt wird! — Merket ihr nach so grossen Ereignissen noch immer nicht, daß nicht alles Menschenwerk ist, was in diesen merkwürdigen Tagen geschiehet*); daß euer Troz und eure unmächtigen Bemühungen doch die Absichten des Herrn der Welt um kein Komma verändern werden! . . .

Seit vierhundert Jahren wächst der Despotismus in Europa, vornemlich in Deutschland! Der Adel und die Geistlichkeit haben dem Endzweck aller bürgerlichen Gesellschaft entgegen gearbeitet. Ihre Anmassungen haben alle Societäts-Pakten zernichtet; sie masseten sich beynahe überall alles Grund-Eigenthum im Lande an; sie zogen troz den alten Landesgesetzen, die Gerichtsbarkeit an sich, brachten neue Lasten auf, daß selbst die

---

*) Die Nachrichten, die aus Egypten ankommen, eben da ich dieses schliesse, sind äusserst interessant. Was dem Pöbel unter den Grossen — Thorheit scheint, wird sich herrlich verklären; das Licht, das dort im Mittelpunkt der alten Welt aufgehen kann, wird nicht ohne die grösten Wirkungen bleiben!

Staats-Revolutionen.

Fürsten ihre Knechte wurden, denn in Zeiten der Noth mußten sie bey ihnen um Beysteuer und Hülfe betteln. Frohndienste, Zinsgüter wußten sie schändlich auf den arbeitsamen Mann zu werfen. Sie hoben die Harmonie auf, die ehemals zwischen Landesvätern gegen ihre Unterthanen waltete. Da der Adel und die Geistlichkeit beynahe alle Staatsgefälle und Revenuen der Fürsten sich anzumassen gewußt haben, so langten die ordentlichen Abgaben des Volks nicht mehr hin, und man mußte zu ausserordentlichen Auflagen seine Zuflucht nehmen. — Diese Zwischen-Tyrannen sind an der Zerrüttung des Staats und des Bürger- und Bauernstandes schuld! — Der weltliche und geistliche Adel haben den Schweis der Nation verzehrt! Sie allein, sonst kein Mensch, sollen auf den frohen Genuß des Lebens Anspruch machen; sogar die Kriegsdienste, die in ältern Zeiten vornemlich auf dem Adel beruheten, bürdeten sie späterhin bloß den Bürgern und Bauern auf. Die privilegirten Unterdrücker wußten von schwachen Fürsten und elenden Maitressen sich alle diese Vortheile zu erschleichen; sie reden immer von Recht und Eigenthum, aber sogar alte Pachtbriefe, Urbarien, wußten viele zu zernichten und neue und verfälschte unterzuschieben *). Diese Usur-

*) In Zeiten wo die meisten Leute weder schreiben noch lesen konnten, war es so leicht, die Urpakten zu verfälschen; sie forderten die ächten Verträge ab, und gaben ganz andere dagegen. Da war es auch so leicht, den Zins zum Gesetz, den Zinsbrief zum Gerechtigkeitsbrief, und sich selbst zum Gutsherrn zu machen!
Man sehe die Geschichte der Frohne in Bayern, und die Bemerkungen über die Laudemial- und Grundherrlichen Rechte in Bayern, 8. 1799.

patoren am Volk haben den National-Wohlstand untergraben, sich Monopole zugeeignet, den Preis der Lebensmittel um mehr als die Hälfte erhöhet. Sie bestimmten den Preis des Getraides, Getränkes, des Viehes und aller Viktualien, da sie beynahe die einzigen Güterbesitzer waren! — Holzarten und Früchte wurden durch ihre Wildbahnen vernichtet!! Mit dem Getraide der Bauern fütterten sie ihr Gewild *). Und die **Frohndienste** — ach man lese die Schilderung von **Preussen, Bayern, Pfalz, Zweybrücken, Wirtemberg**..... wie schaudert die Menschheit vor dieser Sklaverey! Das **Eigenthum** haben viele sogar bis auf den Lebenshauch des Menschen vernichtet! — Sie wußten **Freystiftsgüter, Observanzen** gegen alle ursprünglichen Rechte gültig zu machen; sogar ihre Schreiber und Schergen haben sich selbst Sporteln zugeeignet, die weit über alle Beutelschneiderey der ausgeleretesten Schalksnarren gehen.

Wo, in ältern Zeiten, gab es eine solche Menge kleiner Tyrannen? Wo war in ältern Zeiten bey den Deutschen die Leibeigenschaft, die Monopole, das Vorkaufsrecht, die Frohne? Wo herrschte eine solche verwirrte Rechtspflege? Die alte deutsche Gerichtsverfassung war, nach dem Zeugniß aller braven Historiker, so einfach, so klar, so lauter! Man drang uns erst das alt-römische Recht

---

*) Besonders in unsern Zeiten verdient dies noch Beherzigung, da manchem Bauer nach entrichteten Abgaben kaum so viel übrig bleibt, als zu seiner und der Seinigen Erhaltung nöthig ist. Weg also mit diesen neuen Nimroden, die für das Wild mehr Achtung als für Menschen haben! Sie verdienen in die Wüsteneyen von Afrika deportirt zu werden!„ S. **Gesch. der Frohne in Bayern,** S. 140.

Recht auf. Aber folgten auch die Grossen den Gesetzen, die gegen sie im römischen Rechte stehen? —

Und gesetzt, die Unterthanen wären eure Sklaven, euer Leibeigenthum geworden: könnt ihr darum verlangen, daß sie es ewig, und alle folgende Generationen es seyn sollen?! — Daß nur für Euch die Sonne lieblich aufgehe; daß nur für die Unterdrücker der Boden seine Früchte gebe; daß Fünfzig und Hundert prassen sollen, damit mehrere Millionen Menschen elend seyn und darben müssen? Wo stehet dieses Recht? Wo sagt dies die Vernunft? ... (Aber Schriften, die dagegen eiferten, wurden verboten, und die Verfasser als Ruhestörer und gefährliche Menschen verbannt!) Ohe jam satis est!

Kein Recht hat eine solide Haltbarkeit, wenn es nicht eine Gegenverpflichtung enthält. Auch die späteste Nachwelt, wenn sie ein Gesetz siehet, muß es als ein Recht erkennen; es muß auf solidem Grunde ruhen; alles andere ist Usurpation, ist mit dem Fluche belegt, der den letzten Besitzer in das gefährlichste Verderben stürzt! — (Sehet auf Frankreich: — wer hat so ungeheuer viel zurückgeben müssen, als die Geistlichkeit und der Adel! — Wer wurde tiefer herabgestürzt? Auf wen fiel der Zorn der Nation heftiger als auf diese?

Das soll der Vortheil bey Republiken seyn, daß keine Hofschranzen die Schwächen der Regenten benutzen könnten; denn bey Republiken schwindet der Despot, die Nation aber bleibt.

Die Erfahrung hat auch gelehrt, daß die Warnungen und alle bestgemeynten Vorschläge bey den Grossen keinen Eingang finden, oder wenigstens nie recht mit Nachdruck ausgeführt werden; daß gar oft Lasten, die man abgenommen hat, in andere noch weit härtere verwandelt werden. Daher kann man es keinem Menschen verdenken, wenn er an kein Versprechen mehr glaubt; und kein anderes Mittel übrig bleibt, als daß die Staaten entweder durch **gewaltsame Revolutionen** sich heben, oder in Schutt fallen! —

Die **Reformation** Luthers und Calvins war eine Revolution; sie wurde durch die Gewalt gehemmt, denn die meisten katholischen Staaten, sogar das heutige erzkatholische Bayern, Böhmen und Ungarn waren beynahe schon ganz **lutherisch**. Wir haben gesehen, was es für schöne Früchte gebracht hat, sich **abschrecken zu lassen, und eine grosse Sache halb zu thun!** Würden die Reformatoren **eins** geblieben seyn, hätten sie nicht sich bestechen lassen, hätten sie nicht schon in ihren ersten Grundsätzen sich getrennt, und mehr Uebereinstimmung, Gleichsinn, Brudertreue gezeigt, **Luther** würde wohl durchgedrungen seyn. Aber der elende **Parthey- und Sektengeist**, die kleinlichten Magisterdisputen haben selbst das Volk irre gemacht, und die wohlthätigen Fortschritte der Reformation gehemmt. — Welcher Haß, welche Verfolgung und Todfeindschaft theilte sich nun allen Ländern gegenseitig mit! Ist je ein abscheulicheres Ding auf die Welt gekommen, als die **Parität** in der gleichen Stadt! Im gleichen Lande! So müßte auch die jetzige politische Revolution eine langsam mordende, aber nie sterbende Verfolgungssucht gebähren. Ach wie würden die Despotenfreunde jubeln! wie würden sie eifrig die Fesseln schmieden! wie würden sie das **Auto da Fe** anstimmen! eine politische Inquisition, statt der vormals religiosen, an die Tagesordnung in Europa bringen: — wenn der Republikanißmus durch Gewalt unterdrückt, oder die allgemeine

Staats-Revolutionen.

Umwandlung der Staaten aufgehalten werden könnte! Kein braver Mann, der es mit dem Menschengeschlecht wohl meynt, kann so etwas wünschen, suchen und befördern.

Aber nehmt ein Beyspiel, ihr **Republikaner**, nur **Einigkeit** macht euch über alle Feinde siegen! Nur den grossen Zweck nicht aus den Augen verlohren, es sey um die Rettung des Menschengeschlechts zu thun! Dann werdet ihr über alle Feinde siegen. Dann allein seyd ihr es auch würdig die Krone der Ehre davon zu tragen; dann allein kann die Providenz eure Schritte segnen und glorreich machen! Ohne **Aufopferung** wird man kein Welterlöser! Die beste Sache von der Welt geht durch Püsillanimität, durch **Mangel an Beharrlichkeit**, zu Grunde! Und selbst Gott kann keinem Volke beystehen, das sich durch Zwietracht schändet! Es wird die Geisel, die unsägliches Uebel anrichtet, und die Menschheit in neue Fesseln schlägt.

Aus der Schilderung unsers Europa kann man erkennen, daß der Sturz des Gebäudes schon lange vorbereitet war; eine Stütze fiel nach der andern an dem europäischen **Kirchen- und Ministerialgebäude**; und das Dachwerk war schon kaum für den Schutz der Witterung mehr gut genug! — Auch unsre Religionsverfassung neigte sich zur Auflösung; Gott mußte sich seiner Menschheit erbarmen! Nicht nur eine politische, sondern auch eine **religiose Revolution** schwebt über dem Erdkreis! Kein Volk soll davon ausgeschlossen seyn, keine Mammonsdiener sollen uns mehr in den Ketten des Aberglaubens und des täuschenden Wahns halten. Gerechtigkeit, Bruderfreundschaft, sollen unsere Leitsterne seyn. Nicht mehr sollen Priester ihre heuchlerische Tücke üben! Auf sie fällt der Zorn des Gerechten. Schon tragen sie an ihrer Stirne das **Verwerfungszeichen**! Und bald, bald, so Gott will, wird das goldne Zeitalter angehen, wo alle Nationen nur **einen Gott** anbeten werden, wo der **Neger, Jud** *), **Christ, Heide**, ihren Bundestag feyern.

Die aller ungeschicktesten Leute bey Revolutionen sind die langsam **temporisirenden, politisch klug handeln wollenden Wesen**, deren Kräfte und Kenntnisse wie gelähmt sind. Die Geburt des Kindes der Freyheit könnten sie erleichtern, aber sie thun es geflissentlich nicht, denn sie sind feig! — Und **der Feige ist in keiner Tugend Mann.**

Man ruft unaufhörlich: „Daß die vorsichtigen, klugen, angesehenen, in Verbindung stehenden Menschen, die etwas im Staate zu verlieren haben, im Publikum über wichtige Dinge den Ton angeben sollten, zumal in solchen Zeiten; allein es schweigen in der Regel wenigstens die Meisten, **um nicht anzustoßen, und sich keine Verdrießlichkeiten zuzuziehen**!! Es entsteht dadurch eine Art von Stockung; und die wichtigsten Gegenstände, die das gemeine Wohl betreffen, behandeln

---

*) Kaiser Joseph wollte sie durchaus **aufklären**, das heißt: sie seinen Unterthanen oder seinen katholischen und andern Völkern im Geist und Handeln gleichmachen! Was hätten sie dabey gewonnen? Aber alle Anstalten der größten Fürsten werden es nicht vermögen; Gott muß sie herbeyführen. — Er wird es thun — nach seiner Weisheit, daß die Völker eine **Masse** bilden, und Namen und Eigenheit verlieren; die Absichten Gottes mit den Juden sind zu groß, zu sicher vorher verkündigt, und der Entwiklung zu nahe, als daß Entwürfe von Menschen sie unterbrechen könnten!

sie mit Stillschweigen. Statt jener Männer treten nun dagegen junge, unerfahrne, oft leichtsinnige, verwegene, zum Theil gewissenlose Menschen auf, die nichts zu verlieren haben; als Sprecher und Schriftsteller verhandeln sie die Dinge auf eine Weise, die man sich selbst denken und ausmalen mag!„ — Aber weil jene nicht reden, so müßten endlich die Steine reden. Also rede, wer Herz und Mund hat!

Darum ist auch die französische Revolution bisher nicht so durchgeführt worden, wie es der Menschenfreund wünschen möchte; wer will, wer kann das läugnen? — Aber daß die Uebel durch hartnäckigen und unsinnigen Widerstand unendlich vergrössert worden, wer darf das läugnen? — Daß schändliche Menschen die Uebel noch durch boshafte Lügen, durch Uebertreibungen, durch infamirende Erzählungen vergrössert haben, wer kann, wer darf das läugnen? Daß die Franken, wo sie Sieger waren, großmüthig seyn konnten, wer kann, wer darf das läugnen? Die Aufopferungen, die gewaltsame Anstrengungen der ganzen Nation, verdienen sie nicht Bewunderung?! Das wirklich Schöne und Grosse in ihrer militärischen Subordination zu mißkennen, ist teuflischer Neid. Die fränkischen Heere, die wir Zeitgenossen gesehen haben, können wir der Nachwelt als einen muthvollen kühnen Heerhaufen schildern; die wenig bekümmert um das äussere Ansehen, in **voller Manns-kraft** daher treten, frey und zwanglos, stets zum Angriff bereit; in den Garnisonen oft unzufrieden, aber im Felde voll Willigkeit, Muth und Aufopferung! Ja der Franke hat Ehrgefühl *)! Gewiß ist es das treff-

---

*) Bey einem so grossen Heerhaufen, da auch sogar Schweizer und Deutsche dabey sind, muß es wohl auch Ausnahmen geben.

lichste Kriegsheer in der Welt; auch stark und schön in seinen einzelnen Theilen. Bey dem gemeinsten Mann wohnt gesunder Verstand, keckes, entschlossenes Urtheil, Heldengröße, die sich auf Vernunft gründet. — Wer hat nicht fast immer die **patriotische** Uebereinstimmung der französischen Generale bewundern müssen? Da hingegen unter den Feinden nur Verwirrung war! Welche Klugheit und Scharfblick, welches feine Kombiniren aller Umstände war auf Seiten der Franken!

In die Jahrbücher der Welt soll es geschrieben seyn, daß diese für Unabhängigkeit streitende Nation **auf einmal** mit allen Waffen der Vernichtung angefallen wurde; zwölf Mächte wollten ihr den Herzstoß geben — hier sind ihre Namen: **Oestreich, Preussen, Hessenkassel, Sardinien, Engelland, Holland, Spanien, Portugall, deutsches Reich, Neapel, Parma** ꝛc. (Rußland drohete seit 1793, und sandte eine Eskadre ins Nordmeer); der **Vendeekrieg** und der **Föderalistenkrieg** im Innern selbst, noch die schrecklichsten von allen, wurden von den Feinden angezettelt!!! .... Die Staaten V. S. B. R., die **neutral** zu seyn affektirten, steckten voll Emigranten, und waren gleichsam die Anrichtsplätze zur Gegenrevolution. —

Nun acht Jahre schon dauert der Kampf! (1798). So etwas sah kein Jahrhundert; und wir sind auf einmal um tausend Jahre an Erfahrungen reicher geworden! Das Ende siehet zwar niemand ab; aber Schmach dem Kleinsinnigen, der hier nichts siehet, als Trümmer und Ruinen; der nur Wehe, Wehe ruft, und kein geistiges Auge für die innere Größe hat!

Edle Männer, die bey der Revolution verlieren,

Staats-Revolutionen.

sehen es als Opfer für den Drang der Umstände an! Sie erscheinen hier in gedoppelter Würde. Selbst gute Fürsten legten ihren Scepter ab, so ruhig, als wäre es ein Hirtenstab; sie sinken nicht, wie die Tyrannen, mit Verwünschungen in die Grube. — Aber es giebt der Heuchler viele, die eine Zeitlang thun, als wären sie für die neue Ordnung, oder als wären sie gebeugt und ließen den Scepter gerne fahren; ihre Verwandlung ist plötzlich geschehen; das Toben der Gegenwart hat sie erschrekt: aber sobald sie wieder eine calme Luft spuren, strecken sie, wie die Schnecken, die Hörner aufs neue hervor! — Laßt euch vor ihnen warnen! Laßt euch ja warnen! Trauet schnellen Bekehrungen nicht! Trauet nicht dem Wolfe, der in Schaafspelz kriecht. Eben durch solche Grimassenspieler und verkleidete Wölfe hat die Revolution in Frankreich kaum beendiget werden können.

———

Ewige Gerechtigkeit! Vater der Wesen! Willst Du das Menschengeschlecht ewig den Schmeichlern, Kriechern und Pharisäern Preis geben! Kannst Du zugeben, daß gerade in den höchsten Angelegenheiten der Menschen, wo die ganze Heiligkeit Deiner Wege sich so sichtbar verklärt, niederträchtige Seelen genug sind, die ihre Feder, ihre Talente, ihre Weltkenntniß dazu benutzen, um Dich und Deine heiligen gerechten Gerichte zu verläumden, zu verkennen; Dir zu trotzen, Dir zu sagen: G o t t D u h a n d e l s t u n g e r e c h t! — Haben wir doch eine Menge solcher Schriftsteller, die an Höfen leben, oder sonst aus niedrigen Absichten, alles in einem h ö c h s t f a l s c h e n L i c h t e vorstellen, was heut zu Tage — in diesen merkwürdigen Tagen der Weltrichtung — geschiehet; die offenbare Fakta verfälschen; zu Merkwürdigkeiten und Großthaten machen, was kleinfügige, niederträchtige, schurkische Handlungen sind *); die den Gang der Natur verkennen, um ihre lahmen, eitlen, eigennützigen Projekte dem grossen Plan der Weltregierung unterzulegen. Die in Niederträchtigkeiten, in hündische Bübereyen verwandeln, was gerechte Strafe eines richtenden Vaters der Menschen ist; die einen abgestorbenen Missethäter, sobald er eine irdische Würde oder Titel hatte, in Himmel erheben, und den, der das Instrument zu seiner Erniedrigung seyn mußte, eine **Teufelsseele** schelten. Kannst Du, gerechter Richter der Welt, ungeahndet es zugeben, daß der Nachwelt offenbar **erlogene** Erzählungen von den vor unsern Augen vorgegangenen grossen Begebenheiten überliefert werden? Kannst du zugeben, Vater der Menschen! daß wenn ein Satan in der Nacht Unkraut säet unter den guten Saamen, darum alles **Satans Werk** genannt werden darf? — — Und so ist es doch, wenn man die sclavischen, höfischen, bezahlten, pensionirten, im weichen Sopha ruhenden Scribler über die Revolution liest; die ewig aber gebrandmarkt seyn sollen, als **Verfälscher der Wahrheit!!** Es geschiehet Unglücks bey einer so schrecklichen Revolution genug, ohne daß man noch alle Karrikaturen der Scribler und Kupferstecher hinzufügen muß!

*) S. Rev. Alm. und andere ähnliche Produkte und Zeitungen. Ich behaupte, daß solche Schriftsteller gerade die entgegengesetzte Wirkung thun. Der kluge Leser verachtet sie und erbittert sich noch mehr über die Kalfakter; und das Häuflein von dummen Schaafen rennt desto sicherer in sein Unglück.

*Jahresgabe 1989
der Württembergischen Bibliotheksgesellschaft e.V.*

Der Druck dieser Jahresgabe nach dem Exemplar
der Württembergischen Landesbibliothek wurde
ermöglicht durch Spenden der Robert Bosch GmbH und
der Daimler-Benz AG, beide in Stuttgart

CIP-Kurztitelaufnahme der Deutschen Bibliothek

**Das Wetterleuchten über Europa am Ende des
Jahrhunderts gesehen im Jahr 1788** : (aus den Papieren
eines verstorbenen Geistersehers). – Nachdr. d. Ausg.
Maltha u. Cairo, 1799. – Stuttgart : Lithos-Verl., 1989

(Jahresgabe 1989 der Württembergischen Bibliotheks-
gesellschaft e.V., 1989). Mehr nicht nachgedr.
ISBN 3-88480-009-4
NE: Württembergische Bibliotheksgesellschaft:
Jahresgabe ...

Im Buchhandel in Kommission bei Lithos Verlag,
Stuttgart, Hermannstr. 5

Gesamtherstellung: Passavia Druckerei GmbH Passau
Papier: 120 g Maschinenbütten
Einbandüberzug: Yearling Karton von Schneider
und Söhne